CONTEÚDO DIGITAL PARA ALUNOS
Cadastre-se e transforme seus estudos em uma experiência única de aprendizado:

1 Entre na página de cadastro:
www.editoradobrasil.com.br/sistemas/cadastro

2 Além dos seus dados pessoais e dos dados de sua escola, adicione ao cadastro o código do aluno, que garantirá a exclusividade do seu ingresso à plataforma.

1800607A3480463

3 Depois, acesse:
www.editoradobrasil.com.br/leb
e navegue pelos conteúdos digitais de sua coleção :D

Lembre-se de que esse código, pessoal e intransferível, é válido por um ano. Guarde-o com cuidado, pois é a única maneira de você acessar os conteúdos da plataforma.

CB037151

Editora do Brasil

COLEÇÃO AKPALÔ
AKPALÔ HISTÓRIA

Rosiane de Camargo
- Licenciada em História pela Universidade Federal do Paraná (UFPR)
- Pós-graduada em História do Brasil pela Faculdade Padre João Bagozzi
- Autora de materiais didáticos

Wellington Santos
- Bacharel em História pela Universidade de São Paulo (USP)
- Autor e editor de materiais didáticos

2º ANO
Ensino Fundamental
Anos Iniciais

HISTÓRIA

AKPALÔ
Palavra de origem africana que significa "contador de histórias, aquele que guarda e transmite a memória do seu povo".

São Paulo, 2019
4ª edição

Editora do Brasil

Dados Internacionais de Catalogação na Publicação (CIP)
(Câmara Brasileira do Livro, SP, Brasil)

Camargo, Rosiane de
 Akpalô história, 2º ano / Rosiane de Camargo, Wellington Santos. – 4. ed. – São Paulo: Editora do Brasil, 2019. – (Coleção akpalô)

 ISBN 978-85-10-07410-0 (aluno)
 ISBN 978-85-10-07411-7 (professor)

 1. História (Ensino fundamental) I. Santos, Wellington. II. Título. III. Série.

19-26311 CDD-372.89

Índices para catálogo sistemático:
1. História: Ensino fundamental 372.89
Maria Alice Ferreira – Bibliotecária – CRB-8/7964

Respeite o direito autoral

4ª edição / 2ª impressão, 2023
Impresso na Meltingcolor Gráfica e Editora Ltda.

Rua Conselheiro Nébias, 887
São Paulo, SP – CEP 01203-001
Fone: +55 11 3226-0211
www.editoradobrasil.com.br

© Editora do Brasil S.A., 2019
Todos os direitos reservados

Direção-geral: Vicente Tortamano Avanso
Direção editorial: Felipe Ramos Poletti
Gerência editorial: Erika Caldin
Supervisão de arte e editoração: Cida Alves
Supervisão de revisão: Dora Helena Feres
Supervisão de iconografia: Léo Burgos
Supervisão de digital: Ethel Shuña Queiroz
Supervisão de controle de processos editoriais: Marta Dias Portero
Supervisão de direitos autorais: Marilisa Bertolone Mendes

Supervisão editorial: Priscilla Cerencio
Coordenação pedagógica: Josiane Sanson
Edição: Mariana Tomadossi
Assistência editorial: Felipe Floriano Adão e Ivi Paula Costa da Silva
Copidesque: Gisélia Costa, Ricardo Liberal e Sylmara Beletti
Revisão: Alexandra Resende, Andréia Andrade, Elaine Cristina da Silva, Marina Moura e Martin Gonçalves
Pesquisa iconográfica: Priscila Ferraz, Elena Ribeiro, Etoile Shaw e Odete Pereira
Assistência de arte: Carla Del Matto e Lívia Danielli
Design gráfico: Estúdio Sintonia e Patrícia Lino
Capa: Megalo Design
Imagens de capa: dolgachov/iStockphoto.com, iStockphoto/iStockphoto.com e sam74100/iStockphoto.com,
Ilustrações: Alberto Di Stefano, André Flauzino, Cristiane Viana, Dam Ferreira, Danillo Souza, Desenhorama, Erik Malagrino, Kau Bispo, Marcos de Mello, Milton Rodrigues, Paula Kranz e Simone Matias (abertura de unidade)
Coordenação de editoração eletrônica: Abdonildo José de Lima Santos
Editoração eletrônica: Marcos Gubiotti, Talita Lima, William Takamoto e Wlamir Miasiro
Licenciamentos de textos: Cinthya Utiyama, Jennifer Xavier, Paula Harue Tozaki e Renata Garbellini
Controle de processos editoriais: Bruna Alves, Carlos Nunes, Rafael Machado e Stephanie Paparella

QUERIDO ALUNO,

VOCÊ ESTÁ INICIANDO UM NOVO ANO ESCOLAR CHEIO DE NOVAS APRENDIZAGENS, AMIZADES E DESCOBERTAS.

ESTE LIVRO FOI ESCRITO PENSANDO NISSO.

NELE VOCÊ ESTUDARÁ A IMPORTÂNCIA DE TER UM NOME E UM SOBRENOME E DESCOBRIRÁ COMO SUA HISTÓRIA PODE SER REGISTRADA E REVISITADA.

APRENDERÁ O QUE É O TEMPO E COMO PODEMOS PERCEBÊ-LO E MARCAR A PASSAGEM DELE. VERÁ TAMBÉM QUE ELE PODE SER IDENTIFICADO NAS VÁRIAS MUDANÇAS E PERMANÊNCIAS DO QUE ESTÁ AO NOSSO REDOR.

DESEJAMOS QUE VOCÊ TENHA UM ANO LETIVO COM GRATAS SURPRESAS E GRANDES REALIZAÇÕES!

OS AUTORES

SUMÁRIO

UNIDADE 1
MINHA VIDA, MINHA HISTÓRIA 6

CAPÍTULO 1: MEU NOME, MINHA HISTÓRIA 8
NOME PARA AS COISAS 8
COMO EU ME IDENTIFICO 9
MEUS OBJETOS 10

CAPÍTULO 2: A MINHA E A SUA HISTÓRIA 14
A HISTÓRIA DE LUCAS 14
ERA UMA VEZ... 15
NOSSAS RECORDAÇÕES 16
CONTAR NOSSA HISTÓRIA 17
NOSSOS DOCUMENTOS 19

CAPÍTULO 3: HISTÓRIAS DE FAMÍLIA 22
UM DIA EM FAMÍLIA 22
CADA FAMÍLIA TEM SUA HISTÓRIA 23
OBJETOS DE FAMÍLIA 24
AS FAMÍLIAS DO PASSADO 25

> **HORA DA LEITURA:** NO TEMPO DOS MEUS BISAVÓS 28
> **HISTÓRIA EM AÇÃO:** O TRABALHO DO BIÓGRAFO 29
> **COMO EU VEJO:** A ORGANIZAÇÃO DA MINHA CASA 30
> **COMO EU TRANSFORMO:** CUIDANDO DO AMBIENTE DOMÉSTICO 32
> **REVENDO O QUE APRENDI** 33
> **NESTA UNIDADE VIMOS** 36
> **PARA IR MAIS LONGE** 37

UNIDADE 2
O COTIDIANO DAS PESSOAS 38

CAPÍTULO 1: MINHA ROTINA 40
DIVIDINDO MEU DIA 40
TODOS OS DIAS EU... 41
FAZ PARTE DE MINHA ROTINA 42
O DIA DOS OUTROS 44

CAPÍTULO 2: PESSOAS À MINHA VOLTA 48
NO CAMINHO DE CRISTINA 48
COMO VOU À ESCOLA 49
COM QUEM CONVIVO 50
PROFISSIONAIS QUE ENCONTRO 51

CAPÍTULO 3: QUANDO VOU À ESCOLA 54
UM PASSEIO PELO BAIRRO 54
O QUE ACONTECE NO MEU BAIRRO 55
DURANTE A SEMANA 56

> **#DIGITAL:** AS SIMULTANEIDADES NO COTIDIANO 59
> **HORA DA LEITURA:** BRINCAR NA RUA 62
> **HISTÓRIA EM AÇÃO:** O COTIDIANO DO PROFESSOR PAULO 63
> **REVENDO O QUE APRENDI** 64
> **NESTA UNIDADE VIMOS** 66
> **PARA IR MAIS LONGE** 67

UNIDADE 3
A PASSAGEM DO TEMPO 68

CAPÍTULO 1: O TEMPO 70
A ROTINA E O TEMPO.. 70
O TEMPO PASSA 71
O QUE VEM ANTES? E DEPOIS?........................... 72

CAPÍTULO 2: TEMPO PARA CADA ATIVIDADE .. 76
O TEMPO DA NATUREZA 76
OBSERVAR A NATUREZA.. 77
É POSSÍVEL MEDIR O TEMPO?............................. 78
ORGANIZANDO AS ATIVIDADES.......................... 79
O RELÓGIO 80
A LINHA DO TEMPO.. 81

CAPÍTULO 3: UM MUNDO DE MUDANÇAS 84
DE ONTEM E DE HOJE.. 84
TUDO MUDA OU NÃO?.. 85
MUDANÇAS NAS PROFISSÕES 87

> **#DIGITAL:** ANTIGAMENTE, NA MINHA ESCOLA 89

> **HORA DA LEITURA:** TEMPO DE ANTIGAMENTE 92
> **HISTÓRIA EM AÇÃO:** HISTÓRIA AMBIENTAL 93
> **COMO EU VEJO:** O CAMINHO PARA A ESCOLA..... 94
> **COMO EU TRANSFORMO:** CONHECER AS REDONDEZAS 96
> **REVENDO O QUE APRENDI** 97
> **NESTA UNIDADE VIMOS** 100
> **PARA IR MAIS LONGE** 101

UNIDADE 4
CONVIVER E TRANSFORMAR 102

CAPÍTULO 1: OS LUGARES MUDAM COM O TEMPO.. 104
COMO ERA ANTES?... 104
AS ATIVIDADES HUMANAS E AS COMUNIDADES... 105
AS ATIVIDADES HUMANAS TRANSFORMAM AS COMUNIDADES 106

CAPÍTULO 2: TRANSFORMAÇÕES PELO TRABALHO 110
O TRABALHO NA COMUNIDADE 110
DIFERENTES TRABALHOS 111
O TRABALHO E O COTIDIANO 112
AS ATIVIDADES HUMANAS NO PASSADO 114

CAPÍTULO 3: MUDANÇAS COTIDIANAS 118
REUTILIZANDO E BRINCANDO............................ 118
TRANSFORMAÇÕES COMO PARTE DO COTIDIANO 119
DIMINUINDO O IMPACTO AMBIENTAL 120

> **HORA DA LEITURA:** CUIDAR DA NATUREZA..... 124
> **HISTÓRIA EM AÇÃO:** OS VESTÍGIOS DO CAIS DO VALONGO 125
> **REVENDO O QUE APRENDI** 126
> **NESTA UNIDADE VIMOS** 128
> **PARA IR MAIS LONGE** 129

ATIVIDADES PARA CASA
UNIDADE 1 130
UNIDADE 2 133
UNIDADE 3 136
UNIDADE 4.. 139

DATAS COMEMORATIVAS
CARNAVAL 141
DIA DO MEIO AMBIENTE – 5 DE JUNHO........ 142
DIA DO PROFESSOR – 15 DE OUTUBRO 143
DIA DA FAMÍLIA – 8 DE DEZEMBRO 145
ENCARTES... 147

UNIDADE 1
MINHA VIDA, MINHA HISTÓRIA

- O QUE A IMAGEM REPRESENTA?
- O QUE AS PESSOAS ESTÃO FAZENDO?
- VOCÊ IMAGINA QUAIS SÃO OS SENTIMENTOS DAS CRIANÇAS QUE PARTICIPAM DESSE ACONTECIMENTO?

CAPÍTULO 1 — MEU NOME, MINHA HISTÓRIA

NOME PARA AS COISAS

1 SE VOCÊ PUDESSE MUDAR O NOME DE ALGO, QUE NOME DARIA PARA:

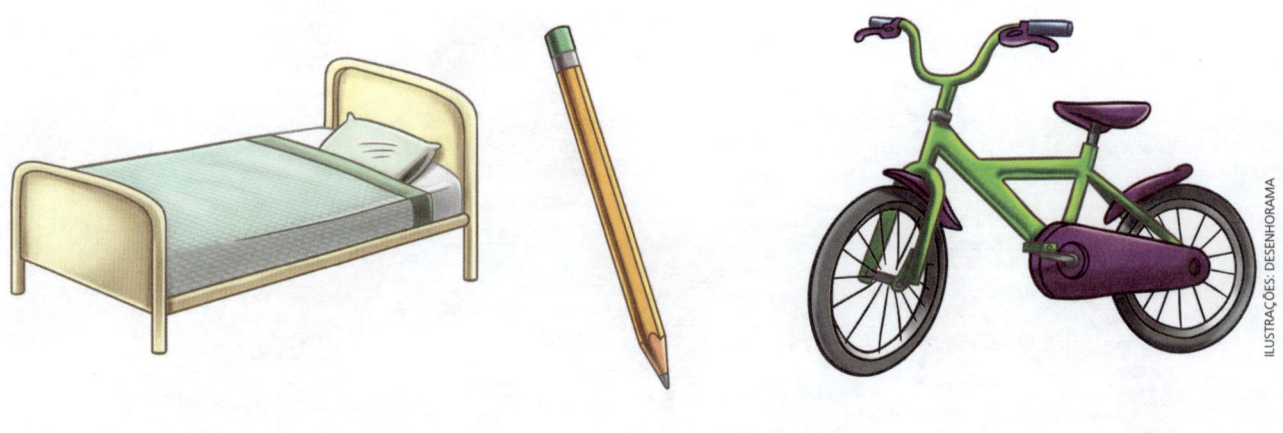

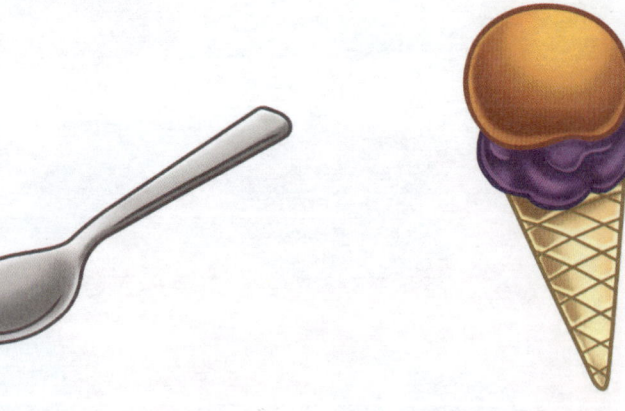

2 TROQUE SEU LIVRO COM O DE UM COLEGA E OBSERVE:

A) ELE INVENTOU O MESMO NOME QUE VOCÊ PARA ALGUM ITEM?

B) O QUE VOCÊ ACHA QUE ACONTECERIA SE CADA PESSOA DESSE UM NOME DIFERENTE PARA CADA COISA?

COMO EU ME IDENTIFICO

VOCÊ JÁ IMAGINOU COMO SERIA DIFÍCIL NÃO TER NOME?

ALEXANDRE BECK. *ARMANDINHO ZERO*. FLORIANÓPOLIS: ARTE & LETRAS COMUNICAÇÃO, 2014. P. 63.

QUANDO O PERSONAGEM DA HISTÓRIA FOI CRIADO, NÃO TINHA NOME. ALGUM TEMPO DEPOIS, ELE RECEBEU O NOME DE ARMANDO.

ASSIM COMO AS PESSOAS, TODOS OS OBJETOS, ANIMAIS E LUGARES TÊM UM NOME QUE OS IDENTIFICA.

ESSE NOME É SEMPRE ESCOLHIDO POR ALGUÉM.

TODOS NÓS, QUANDO NASCEMOS, RECEBEMOS UM NOME PELO QUAL SEREMOS IDENTIFICADOS.

E NOSSO NOME AJUDA A CONTAR UM POUCO DE NOSSA HISTÓRIA.

OS SIGNIFICADOS DOS NOMES

OS NOMES TÊM SIGNIFICADO E UMA HISTÓRIA TAMBÉM.

ALGUMAS PESSOAS DÃO PARA SEUS FILHOS O NOME DE SEUS AVÓS. OUTRAS RECEBEM O NOME DE PESSOAS QUE OS PAIS ADMIRAVAM.

HÁ AINDA NOMES QUE SÃO DADOS EM HOMENAGEM A ATLETAS, MÚSICOS E ATORES FAMOSOS.

MEUS OBJETOS

ASSIM COMO O NOME, MUITOS OUTROS ELEMENTOS AJUDAM A CONTAR A HISTÓRIA DE CADA UM.

OS OBJETOS PESSOAIS, POR EXEMPLO, MOSTRAM NOSSOS GOSTOS E PREFERÊNCIAS. ALGUNS DELES REPRESENTAM PERÍODOS ESPECÍFICOS DE NOSSA VIDA. OBSERVE:

▶ A CHUPETA, O CHOCALHO E OS BLOCOS DE MONTAR SÃO OBJETOS QUE REMETEM AOS PRIMEIROS ANOS DE VIDA DE UMA CRIANÇA.

TAMBÉM É POSSÍVEL CONTAR NOSSA HISTÓRIA COM BASE EM DOCUMENTOS PESSOAIS, POIS REGISTRAM INFORMAÇÕES IMPORTANTES SOBRE A PESSOA A QUEM ELES PERTENCEM.

HÁ MUITOS TIPOS DE DOCUMENTOS. UM DELES É A CARTEIRA DE VACINAÇÃO.

▶ A CARTEIRA DE VACINAÇÃO É UM DOCUMENTO PESSOAL QUE ACOMPANHA O CRESCIMENTO DA CRIANÇA.

PESQUISA HISTÓRICA

1 PEÇA A SEUS PAIS OU A ADULTOS QUE CONVIVEM COM VOCÊ DESDE O SEU NASCIMENTO INFORMAÇÕES SOBRE SUA VIDA. SEGUEM ALGUMAS DICAS DO QUE PERGUNTAR A ELES.

- ONDE NASCI?
- QUANDO TOMEI MINHA PRIMEIRA VACINA?
- QUANDO SURGIU MEU PRIMEIRO DENTE?
- QUANDO COMECEI A FALAR?
- QUANDO APRENDI A ANDAR?
- QUANDO COMECEI A IR À ESCOLA?

MARCOS DE MELLO

2 PEÇA A SEUS PAIS OU OUTROS ADULTOS QUE MORAM COM VOCÊ QUE TIREM CÓPIA DE FOTOGRAFIAS SUAS EM DIFERENTES IDADES.

DEPOIS PEÇA A ELES QUE CONTEM QUANDO AS FOTOGRAFIAS FORAM TIRADAS E QUE EVENTO OU SITUAÇÃO ELAS RETRATAM.

NO DIA MARCADO PELO PROFESSOR, TRAGA-AS PARA A SALA DE AULA.

ATIVIDADES

1 FAÇA O QUE SE PEDE.

A) ESCREVA SEU NOME.

_____

B) QUANTAS LETRAS SÃO USADAS PARA ESCREVER SEU NOME? CONTE E ANOTE NO ESPAÇO ABAIXO.

C) PINTE AS LETRAS DO ALFABETO QUE SÃO USADAS PARA ESCREVER SEU NOME.

A	B	C	D	E	F	G	H	I	J	K	L	M
N	O	P	Q	R	S	T	U	V	X	W	Y	Z

2 COM O MATERIAL COLETADO NA PESQUISA DA PÁGINA ANTERIOR, VAMOS MONTAR UM PAINEL PARA CONTAR UM POUCO DE SUA HISTÓRIA.

MATERIAL:

- METADE DE UMA FOLHA DE CARTOLINA;
- TESOURA;
- COLA.

O PROFESSOR IRÁ ORIENTAR COMO FAZER. OBSERVE AS IMAGENS A SEGUIR COMO EXEMPLO.

FOTOS: RENATO CIRONE

3 FAÇA O QUE SE PEDE.

A) NO SEU CADERNO, DESENHE UM OBJETO QUE VOCÊ COSTUMAVA USAR QUANDO ERA BEBÊ E ESCREVA O NOME DELE.

B) ONDE VOCÊ COSTUMAVA USAR ESSE OBJETO?

☐ EM CASA.

☐ NA ESCOLA.

☐ EM OUTRO LUGAR: _____.

C) NO SEU CADERNO, DESENHE UM OBJETO QUE VOCÊ USA HOJE, MAS NÃO USAVA QUANDO ERA BEBÊ, E ESCREVA O NOME DELE.

D) ONDE VOCÊ COSTUMA USAR ESSE OBJETO?

☐ EM CASA.

☐ NA ESCOLA.

☐ EM OUTRO LUGAR: _____.

4 OBSERVE A TIRINHA DA PÁGINA 9 E RESPONDA:

A) O QUE O PERSONAGEM QUER SABER?

_____

_____

B) DE ACORDO COM O PERSONAGEM, O NOME É NOSSA IDENTIDADE. O QUE ISSO QUER DIZER?

_____

C) COMO VOCÊ SE SENTIRIA SE SÓ O CHAMASSEM DE FILHO, AMIGO, ALUNO, SEM UM NOME QUE O IDENTIFICASSE? CONVERSE COM O PROFESSOR E OS COLEGAS.

CAPÍTULO 2
A MINHA E A SUA HISTÓRIA

A HISTÓRIA DE LUCAS

AJUDE LUCAS A ORGANIZAR O ÁLBUM DE FOTOGRAFIAS COM A HISTÓRIA DELE.

1. RECORTE AS IMAGENS DA PÁGINA 147 E COLE-AS NO ÁLBUM A SEGUIR COMEÇANDO DOS ACONTECIMENTOS MAIS ANTIGOS PARA OS MAIS ATUAIS.

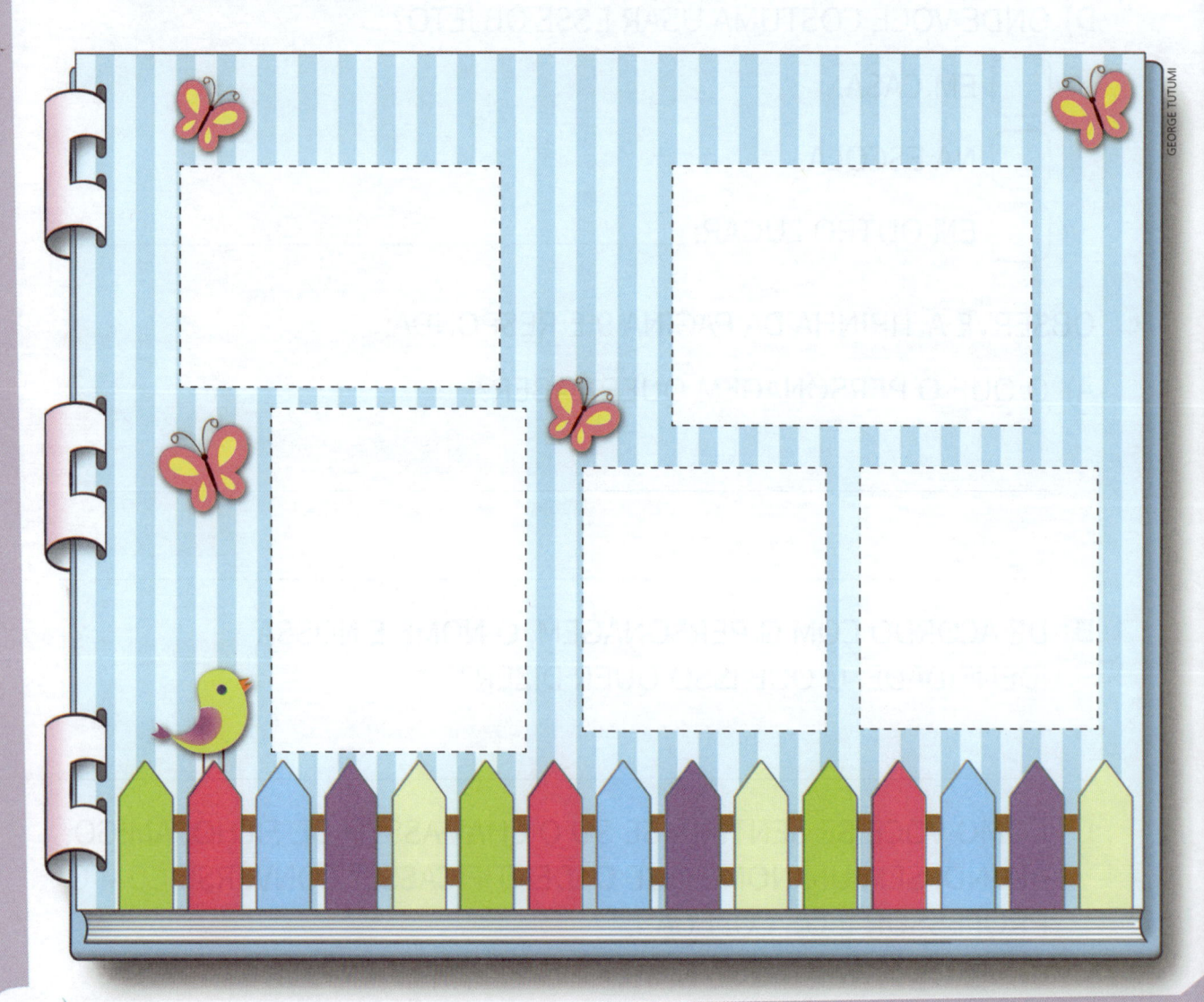

ERA UMA VEZ...

MUITAS HISTÓRIAS COMEÇAM COM "ERA UMA VEZ..." VAMOS CONHECER UMA DELAS?

ERA UMA VEZ UM BEBÊ QUE NASCEU EM UMA DATA INESQUECÍVEL E NUM LUGAR MUITO ESPECIAL.

ESSA DATA FOI TÃO IMPORTANTE PARA AS PESSOAS QUE VIRAM A CRIANÇA NASCER QUE PASSOU A SER COMEMORADA TODOS OS ANOS.

SUA HISTÓRIA PODE COMEÇAR ASSIM TAMBÉM. E NÃO PARA AÍ, CONTINUA SENDO CONTADA MAIS UM POUCO A CADA ANO E VOCÊ PODE REGISTRAR TUDO O QUE ACONTECEU.

TODAS AS HISTÓRIAS SÃO CONSTRUÍDAS AO LONGO DO TEMPO E EM DETERMINADOS ESPAÇOS.

NOSSAS RECORDAÇÕES

VOCÊ SE LEMBRA DE TUDO O QUE ACONTECEU EM SUA VIDA? TODOS NÓS LEMBRAMOS ALGUNS FATOS E ESQUECEMOS OUTROS.

PARA RECORDAR O PASSADO, PODEMOS ASSISTIR A VÍDEOS E VER FOTOGRAFIAS E OBJETOS ANTIGOS. OBSERVE AS SITUAÇÕES A SEGUIR.

- PELO VÍDEO, GIOVANA DESCOBRIU MUITAS COISAS SOBRE A PRIMEIRA FESTA DE ANIVERSÁRIO DELA.

- TIAGO VIU DIVERSAS FOTOGRAFIAS DA ÉPOCA EM QUE COMEÇOU A PRATICAR NATAÇÃO.

- MARCELO E MARINA AINDA TÊM O PRIMEIRO UNIFORME QUE USARAM NA ESCOLA.

ILUSTRAÇÕES: DAM FERREIRA

ESSAS SÃO ALGUMAS FORMAS DE RECORDAR ACONTECIMENTOS DE UM TEMPO QUE JÁ PASSOU.

CONTAR NOSSA HISTÓRIA

PARA CONTAR NOSSA HISTÓRIA USAMOS DIFERENTES REGISTROS E LEMBRANÇAS.

MAS NÃO GUARDAMOS TODOS OS OBJETOS QUE PODEM CONTAR A HISTÓRIA DE NOSSA VIDA.

GERALMENTE GUARDAMOS ALGUNS OBJETOS E IMAGENS QUE REPRESENTAM MOMENTOS IMPORTANTES.

OBSERVE AS FOTOGRAFIAS:

- LINO JOGOU FUTEBOL DURANTE MUITOS ANOS DE SUA VIDA. ELE GUARDA A PRIMEIRA CHUTEIRA QUE USOU.

- JÉSSICA GUARDA UM DOS VESTIDOS QUE SUA FILHA ALICE USOU QUANDO ERA BEBÊ.

DIRETO DA FONTE

UMA DAS MUITAS FORMAS DE CONHECER A HISTÓRIA É ESTUDAR OS OBJETOS. ELES PODEM FORNECER INFORMAÇÕES IMPORTANTES SOBRE O PASSADO.

1 ASSINALE OS OBJETOS QUE, EM SUA OPINIÃO, PODEM FORNECER INFORMAÇÕES SOBRE A HISTÓRIA DE UMA PESSOA.

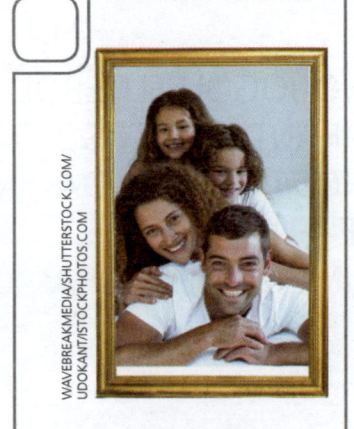

WAVEBREAKMEDIA/SHUTTERSTOCK.COM/ UDOKANT/ISTOCKPHOTOS.COM

▶ PORTA-RETRATOS.

KAYA/SHUTTERSTOCK.COM

▶ SAPATO INFANTIL.

REPRODUÇÃO/THAIS FALCÃO/OLHO DO FALCÃO

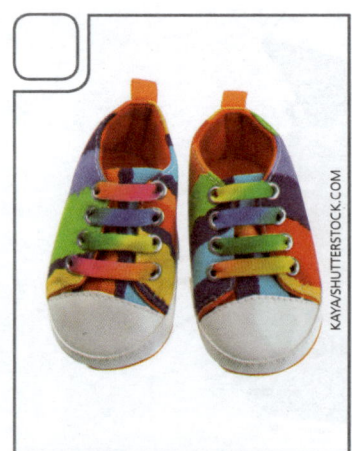

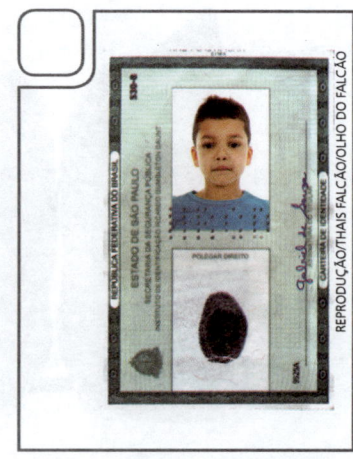

▶ CARTEIRA DE IDENTIDADE.

2 CIRCULE COM LÁPIS COLORIDO AS FOTOGRAFIAS DA ATIVIDADE ANTERIOR QUE SÃO SEMELHANTES A OBJETOS SEUS E DE SUA FAMÍLIA QUE TRAZEM RECORDAÇÕES DE PERÍODOS PASSADOS DE SUA VIDA.

3 CONVERSE COM O PROFESSOR E OS COLEGAS E RESPONDA:

A) IMAGINE QUE TODOS OS OBJETOS DE UMA PESSOA FORAM PERDIDOS. COMO SERIA POSSÍVEL SABER MAIS SOBRE O PASSADO DELA?

B) SUA FAMÍLIA GUARDA ALGUM OBJETO ANTIGO? PERGUNTE AOS ADULTOS O QUE OS LEVOU A GUARDÁ-LO E COMPARTILHE A RESPOSTA COM OS COLEGAS DE TURMA.

NOSSOS DOCUMENTOS

OS DOCUMENTOS TAMBÉM FORNECEM INFORMAÇÕES SOBRE NOSSO PASSADO.

COM ELES, PODEMOS IDENTIFICAR MUITAS INFORMAÇÕES IMPORTANTES.

UM DESSES DOCUMENTOS É A CERTIDÃO DE NASCIMENTO. ELA COSTUMA SER FEITA LOGO APÓS O NASCIMENTO DA PESSOA.

VEJA ALGUMAS INFORMAÇÕES QUE ELA CONTÉM.

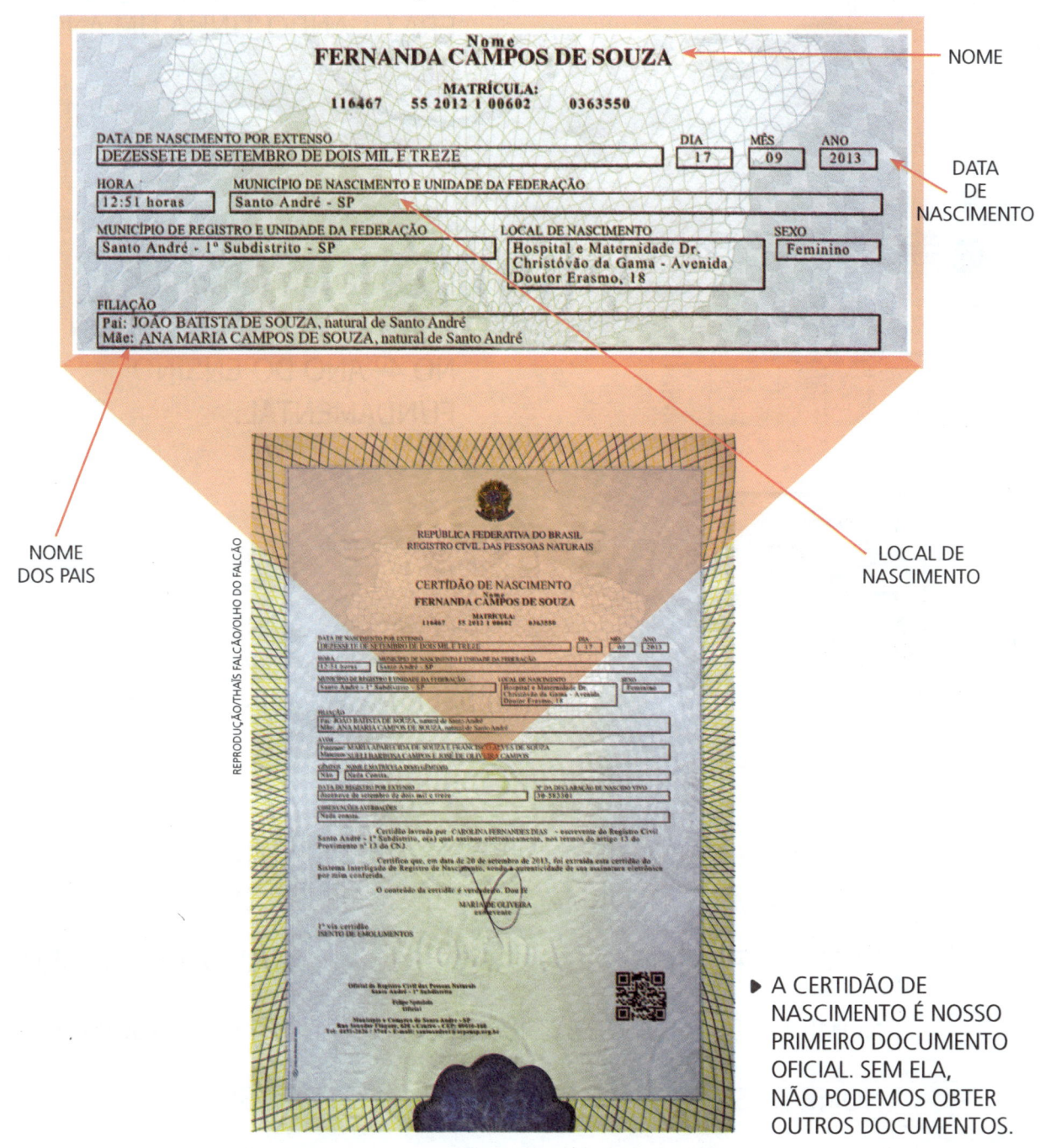

▶ A CERTIDÃO DE NASCIMENTO É NOSSO PRIMEIRO DOCUMENTO OFICIAL. SEM ELA, NÃO PODEMOS OBTER OUTROS DOCUMENTOS.

ATIVIDADES

1 AS FOTOGRAFIAS MOSTRAM OBJETOS QUE MARCARAM DIFERENTES MOMENTOS NA HISTÓRIA DE ALGUMAS PESSOAS. FAÇA A CORRESPONDÊNCIA CORRETA ENTRE O OBJETO E A FRASE QUE O EXPLICA.

◆ DAVI PODE VER, NO CONTEÚDO DESSE OBJETO, COMO ELE ERA QUANDO TINHA UM ANO DE IDADE.

◆ ESSE REGISTRO MARCA A APROVAÇÃO DE ANDERSON NO 4º ANO DO ENSINO FUNDAMENTAL.

◆ O PAI DE CAROLINA FEZ ESSE BRINQUEDO PARA ELA QUANDO ELA TINHA 6 ANOS DE IDADE.

2 OBSERVE O MODELO DE CERTIDÃO DE NASCIMENTO NA PÁGINA 19 E MARQUE COM **X** AS INFORMAÇÕES PESSOAIS ENCONTRADAS NELA.

- ☐ NOME DA PESSOA
- ☐ NOME DA ESCOLA DELA
- ☐ NOME DOS PAIS
- ☐ LOCAL DO NASCIMENTO
- ☐ DATA DO NASCIMENTO
- ☐ RELIGIÃO

3 PINTE OS QUADRINHOS QUE INDICAM OS DOCUMENTOS QUE VOCÊ TEM. SE NECESSÁRIO, PERGUNTE AOS ADULTOS RESPONSÁVEIS POR VOCÊ.

| CERTIDÃO DE NASCIMENTO |

| CARTEIRA DE VACINAÇÃO |

| CARTEIRA DE IDENTIDADE |

4 PINTE O PERSONAGEM QUE REPRESENTA A PESSOA COM QUEM VOCÊ MAIS TEM HISTÓRIA PARA CONTAR.

- AGORA ESCREVA O NOME DESSA PESSOA E REGISTRE DUAS ATIVIDADES QUE VOCÊS GOSTAM DE FAZER JUNTOS.

_____

_____

_____

_____

CAPÍTULO 3
HISTÓRIAS DE FAMÍLIA

UM DIA EM FAMÍLIA

NO ESPAÇO ABAIXO FAÇA UM DESENHO QUE REPRESENTE UMA ATIVIDADE QUE VOCÊ TENHA REALIZADO COM ALGUÉM DA SUA FAMÍLIA, PODE SER UM PASSEIO, UMA BRINCADEIRA OU OUTRA ATIVIDADE. PARA ILUSTRAR SUA IMAGEM, VOCÊ PODE USAR COLAGENS.

VANESSA ALEXANDRE

CADA FAMÍLIA TEM SUA HISTÓRIA

TODAS AS FAMÍLIAS TÊM HISTÓRIAS.

ALGUMAS PESSOAS GOSTAM DE GUARDAR RECORDAÇÕES DA FAMÍLIA E CONTAR AS HISTÓRIAS DELA.

OBJETOS DE FAMÍLIA

MUITAS FAMÍLIAS COSTUMAM GUARDAR OBJETOS QUE MARCAM AS PESSOAS QUE FAZEM PARTE DELAS.

ASSIM COMO AS HISTÓRIAS CONTADAS, ESSES OBJETOS PODEM REVELAR INFORMAÇÕES SOBRE O PASSADO DA PESSOA QUE OS GUARDOU OU DA FAMÍLIA DELA.

OBSERVE ALGUNS EXEMPLOS DE OBJETOS QUE PODEM RESGATAR A MEMÓRIA DA FAMÍLIA.

▶ LEMBRANCINHAS DE VIAGEM.

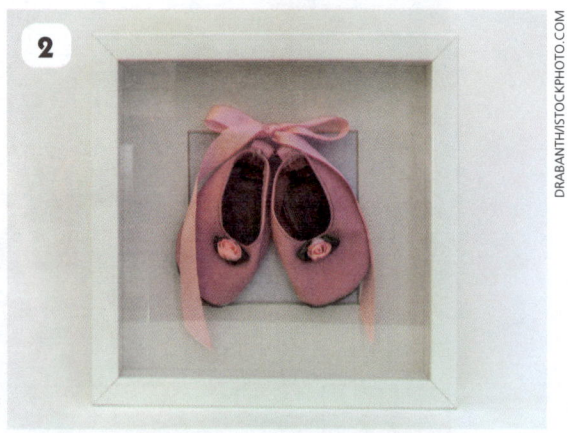

▶ SAPATINHO DE BEBÊ ENQUADRADO.

▶ MÓVEIS E VITROLA (GRAMOFONE) ANTIGOS.

▶ VESTIDO DE NOIVA.

AS FAMÍLIAS DO PASSADO

OBSERVANDO FOTOGRAFIAS PODEMOS RESGATAR MUITAS INFORMAÇÕES SOBRE A HISTÓRIA DAS FAMÍLIAS.

POR MEIO DAS IMAGENS, PODEMOS CONHECER UM POUCO MAIS OS COSTUMES E O MODO DE VIDA DAS FAMÍLIAS DO PASSADO.

ASSIM COMO AS FAMÍLIAS ATUAIS SÃO DIFERENTES UMAS DAS OUTRAS, AS FAMÍLIAS DO PASSADO TAMBÉM SE DIFERENCIAVAM NAS FORMAS DE SE ORGANIZAR E DE VIVER.

OBSERVE AS FOTOGRAFIAS A SEGUIR.

▶ RETRATO DE FAMÍLIA, 1915.

▶ RETRATO DE FAMÍLIA, 1970.

ATIVIDADES

1. PEÇA A UM ADULTO DE SUA FAMÍLIA QUE CONTE A VOCÊ UMA HISTÓRIA DE FAMÍLIA.

    A) EM UMA FOLHA À PARTE, FAÇA UM DESENHO RELACIONADO A ESSA HISTÓRIA.

    B) AGORA, CONTE AOS COLEGAS DA TURMA A HISTÓRIA QUE ESSE DESENHO REPRESENTA.

2. SE VOCÊ FOSSE ESCOLHER UM OBJETO PARA GUARDAR COMO REGISTRO DE SUA HISTÓRIA E DE SUA FAMÍLIA, QUAL SERIA? POR QUÊ?

    _____

    _____

    _____

3. OBSERVE AS FOTOGRAFIAS DA PÁGINA 24 E FAÇA O QUE SE PEDE.

    A) CIRCULE O NÚMERO DAS FOTOGRAFIAS QUE INDICAM OS OBJETOS REPRESENTADOS QUE VOCÊ CONHECE.

    1   2   3   4

    B) ESCOLHA UM DOS OBJETOS E IMAGINE:
    - A QUEM ELE PODE TER PERTENCIDO;
    - QUE RECORDAÇÕES ELE PODE TRAZER A SEU DONO.

    C) EM SUA FAMÍLIA, HÁ ALGUM OBJETO SEMELHANTE A UM DESSES? QUAL?

    _____

    _____

4 OBSERVE AS FOTOGRAFIAS DA PÁGINA 25 E ASSINALE COM **X**:

A) FOTOGRAFIA MAIS ANTIGA.

☐ A ☐ B

B) A QUE APARENTA TER SIDO TIRADA EM UMA COMEMORAÇÃO FAMILIAR.

☐ A ☐ B

- QUE ELEMENTOS VOCÊ OBSERVOU NAS IMAGENS PARA RESPONDER AO ITEM **B**?

5 LEIA O TEXTO E FAÇA O QUE SE PEDE.

– MARIANA, NÃO MEXA NISSO, VOCÊ PODE QUEBRAR!
– MAS EU QUERO TOMAR CAFÉ NESSA XÍCARA, HOJE, VÓ. ELA É TÃO BONITA!
– NÃO, MINHA QUERIDA, NESSA XÍCARA NÃO!
– POR QUE NÃO?
– PORQUE ELA ERA DE MINHA MÃE, SUA BISAVÓ. É UMA DAS POUCAS LEMBRANÇAS QUE TENHO DELA. QUANDO OLHO PARA ESSA XÍCARA AINDA POSSO VER MAMÃE SENTADA NA CADEIRA DE BALANÇO, TOMANDO CHÁ DE ERVA-CIDREIRA ANTES DE SE DEITAR. LEMBRO-ME DE COMO A SEGURAVA COM AS DUAS MÃOS, ESPERANDO QUE O CHÁ ESFRIASSE UM POUCO. É UMA IMAGEM DA QUAL JAMAIS ME ESQUECEREI.

MARIA HELENA PIRES MARTINS. *PRESERVANDO O PATRIMÔNIO E CONSTRUINDO A IDENTIDADE.* SÃO PAULO: MODERNA, 2001. P. 11.

A) CIRCULE NO TEXTO O OBJETO GUARDADO PELA AVÓ DE MARIANA PARA LEMBRAR PARTE DO PASSADO DELA.

B) COMPLETE AS FRASES A SEGUIR DE ACORDO COM O TEXTO.

- A _____ DA BISAVÓ DE MARIANA FAZ PARTE DA HISTÓRIA DA FAMÍLIA DELA.

- ESSE OBJETO TRAZ _____ PARA A AVÓ DE MARIANA.

HORA DA LEITURA

MUITOS OBJETOS QUE FAZEM PARTE DAS RECORDAÇÕES DE UMA FAMÍLIA PODEM TER MUDADO COM O PASSAR DO TEMPO, MAS AINDA ASSIM EXERCEM A FUNÇÃO INICIAL PARA A QUAL FORAM CRIADOS.

NO TEMPO DOS MEUS BISAVÓS

NO TEMPO DOS MEUS BISAVÓS, TUDO ERA MUITO DIFERENTE... [...]

QUASE TODO MUNDO TINHA UM "CUCO". UM RELÓGIO GRANDE, DE MADEIRA, QUE TINHA UMA JANELINHA DE ONDE SAÍA UM PASSARINHO E CANTAVA "CUCO, CUCO..." PARA MARCAR AS HORAS E OS MINUTOS.

HOJE, NA MINHA CASA NÃO TEM "CUCO", MAS TEM RÁDIO-RELÓGIO E RELÓGIO DIGITAL.

NYE RIBEIRO. *NO TEMPO DOS MEUS BISAVÓS*. SÃO PAULO: EDITORA DO BRASIL, 2011. P. 6 E 12.

1. POR QUE VOCÊ ACHA QUE NA MAIORIA DAS CASAS DE HOJE NÃO HÁ MAIS RELÓGIO CUCO, E SIM RÁDIO-RELÓGIO E RELÓGIO DIGITAL? EM UMA RODA DE CONVERSA, TROQUE IDEIAS COM OS COLEGAS E O PROFESSOR.

HISTÓRIA EM AÇÃO

O TRABALHO DO BIÓGRAFO

HÁ LIVROS QUE CONTAM A HISTÓRIA DE VIDA DE PESSOAS. ESSES LIVROS SÃO CHAMADOS DE BIOGRAFIAS.

PARA ESCREVER UMA BIOGRAFIA É NECESSÁRIO QUE O ESCRITOR, OU BIÓGRAFO, FAÇA UM TRABALHO DE PESQUISA.

VAMOS DESCOBRIR COMO É FEITA UMA BIOGRAFIA E VER DE QUE MODO O TRABALHO COM HISTÓRIA ENTRA EM AÇÃO?

1. PARA COMEÇAR A ESCREVER UMA BIOGRAFIA É NECESSÁRIO ESCOLHER QUEM SERÁ BIOGRAFADO.

2. SE A PESSOA BIOGRAFADA ESTIVER VIVA, É POSSÍVEL ENTREVISTÁ-LA PARA QUE ELA CONTE INFORMAÇÕES DE SUA VIDA.

3. ALÉM DA ENTREVISTA, É IMPORTANTE PESQUISAR OUTROS DOCUMENTOS, COMO FOTOGRAFIAS, OBJETOS E JORNAIS.

4. APÓS COLETAR TODAS AS INFORMAÇÕES, O BIÓGRAFO COMEÇA A ESCREVER A BIOGRAFIA INCLUINDO TODOS OS FATOS NA ORDEM EM QUE ACONTECERAM.

ILUSTRAÇÕES: DESENHORAMA

COMO EU VEJO

A ORGANIZAÇÃO DA MINHA CASA

CRISTIANE VIANA

CADA CÔMODO DE NOSSA CASA TEM FUNÇÕES E CARACTERÍSTICAS PRÓPRIAS. ALGUNS DELES NÃO SÃO INDICADOS PARA BRINCAR, POIS OFERECEM RISCOS.

LOCAL ONDE CUIDAMOS DA HIGIENE PESSOAL. BRINCAR NELE PODE SER PERIGOSO, POIS O CHÃO FICA ESCORREGADIO DURANTE E APÓS O BANHO.

LOCAL ONDE OS ALIMENTOS SÃO PREPARADOS. NÃO É INDICADO BRINCAR NELE, POIS VOCÊ PODE SE QUEIMAR OU SE CORTAR.

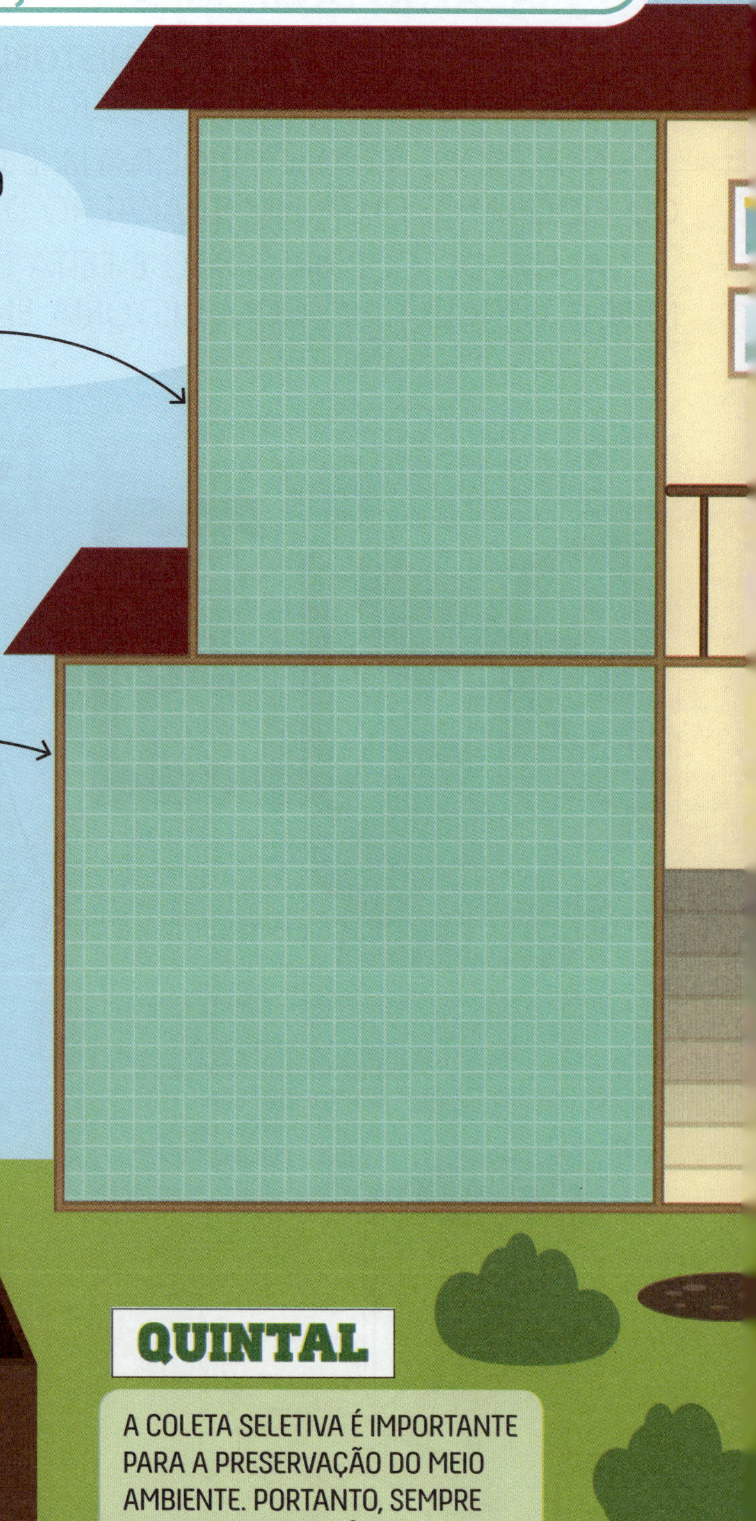

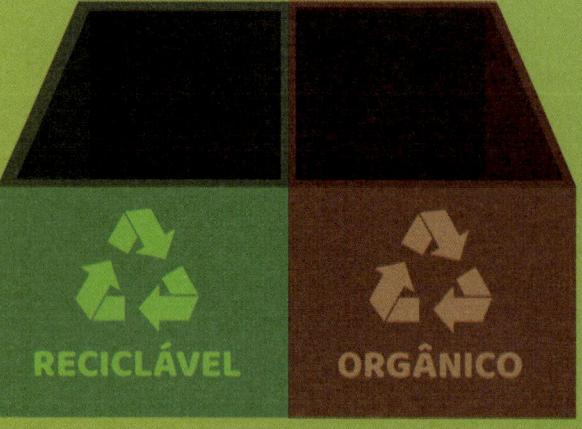

QUINTAL

A COLETA SELETIVA É IMPORTANTE PARA A PRESERVAÇÃO DO MEIO AMBIENTE. PORTANTO, SEMPRE SEPARE O LIXO ORGÂNICO DO LIXO RECICLÁVEL.

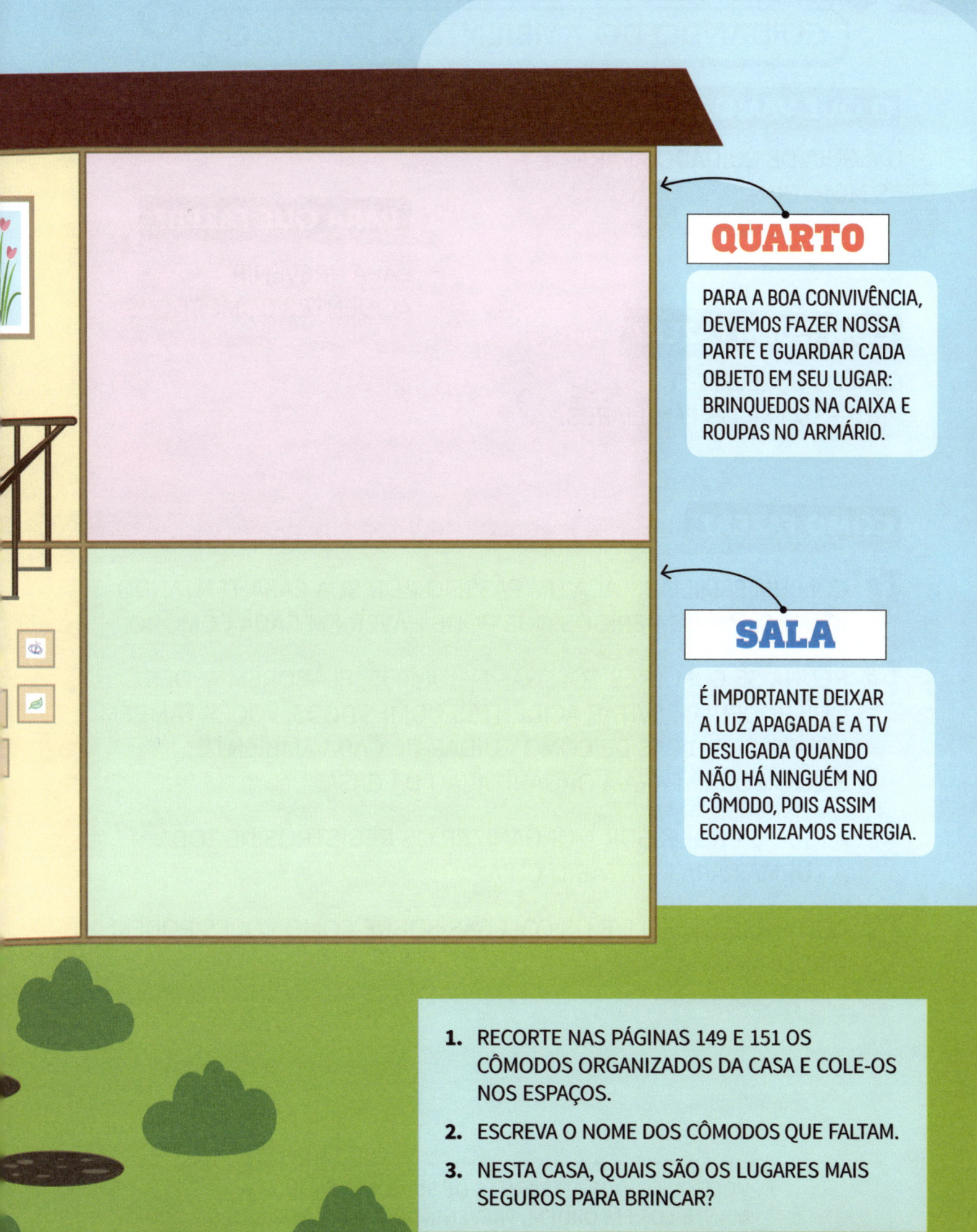

QUARTO

PARA A BOA CONVIVÊNCIA, DEVEMOS FAZER NOSSA PARTE E GUARDAR CADA OBJETO EM SEU LUGAR: BRINQUEDOS NA CAIXA E ROUPAS NO ARMÁRIO.

SALA

É IMPORTANTE DEIXAR A LUZ APAGADA E A TV DESLIGADA QUANDO NÃO HÁ NINGUÉM NO CÔMODO, POIS ASSIM ECONOMIZAMOS ENERGIA.

1. RECORTE NAS PÁGINAS 149 E 151 OS CÔMODOS ORGANIZADOS DA CASA E COLE-OS NOS ESPAÇOS.
2. ESCREVA O NOME DOS CÔMODOS QUE FALTAM.
3. NESTA CASA, QUAIS SÃO OS LUGARES MAIS SEGUROS PARA BRINCAR?

COMO EU TRANSFORMO

CUIDANDO DO AMBIENTE DOMÉSTICO

 HISTÓRIA  GEOGRAFIA
 ARTE  LÍNGUA PORTUGUESA

O QUE VAMOS FAZER?

UM GUIA DE CUIDADOS PARA AS MORADIAS.

PARA QUE FAZER?

PARA PREVENIR ACIDENTES DOMÉSTICOS.

COM QUEM FAZER?

COM OS COLEGAS, O PROFESSOR E OS FAMILIARES.

COMO FAZER?

1. COM UM FAMILIAR, FAÇA UM PASSEIO POR SUA CASA TENTANDO IDENTIFICAR OS PERIGOS QUE PODE HAVER EM CADA CÔMODO.

2. REÚNA-SE COM TRÊS COLEGAS E, JUNTOS, ELABOREM AÇÕES QUE PODERIAM EVITAR ACIDENTES DOMÉSTICOS. VOCÊS TAMBÉM PODEM DAR DICAS DE COMO CUIDAR DE CADA AMBIENTE E COLABORAR PARA A ORGANIZAÇÃO DA CASA.

3. AJUDE O PROFESSOR A ORGANIZAR OS REGISTROS DE TODA A TURMA PARA MONTAR O GUIA.

4. CONVERSE COM ELE E OS COLEGAS SOBRE COMO VOCÊS PODEM DIVULGAR ESSE GUIA.

VOCÊ CUIDA DOS AMBIENTES DE SUA CASA E AJUDA A MANTÊ-LOS EM ORDEM, PREVENINDO, ASSIM, ACIDENTES?

REVENDO O QUE APRENDI

1 CONSULTE SUA CERTIDÃO DE NASCIMENTO E PREENCHA OS CAMPOS EM BRANCO COM INFORMAÇÕES QUE VOCÊ ENCONTROU NELA.

REPÚBLICA FEDERATIVA DO BRASIL
REGISTRO CIVIL DAS PESSOAS NATURAIS

CERTIDÃO DE NASCIMENTO

NOME

DATA DE NASCIMENTO

LOCAL DE NASCIMENTO

NOME DOS PAIS

NOME DO OFÍCIO
OFICIAL REGISTRADOR
NÚMERO DO CPF
MUNICÍPIO / UF
ENDEREÇO

O CONTEÚDO DA CERTIDÃO É VERDADEIRO. DOU FÉ.
DATA E LOCAL:

ASSINATURA DO OFICIAL

HÉLIO SENATORE

2 QUAL É A IMPORTÂNCIA DE TER UM NOME? EXPLIQUE.

_____

_____

3 MARQUE COM UM **X** OS OBJETOS QUE PODEM SER USADOS PARA RESGATAR A HISTÓRIA DE UMA FAMÍLIA.

- [ ] FOTOGRAFIAS
- [ ] CARTAS
- [ ] JOIAS
- [ ] VESTIMENTAS
- [ ] MÓVEIS
- [ ] BRINQUEDOS
- [ ] LOUÇAS
- [ ] FILMES
- [ ] LIVROS

4 LEIA O TEXTO E RESPONDA ÀS QUESTÕES.

> ERA UMA VEZ EU. EU ERA UM MENINO QUE CHAMAVA LUÍS. MINHA MÃE PENSAVA QUE EU ME CHAMAVA LUÍS FERNANDO, SÓ PORQUE ELA ESCOLHEU ESTE NOME NO DIA EM QUE EU NASCI E MANDOU PÔR NAQUELE PAPEL QUE TODO MUNDO TEM PROVANDO QUE EXISTE. CHAMA CERTIDÃO DE NASCIMENTO, EU SEI PORQUE EU PERGUNTEI.

FLÁVIO DE SOUZA. *EU E MIM MESMO*. SÃO PAULO: QUINTETO EDITORIAL, 1987. P. 4.

A) QUAL É O NOME DO MENINO DO TEXTO?

_____

B) COMO ELE GOSTA DE SER CHAMADO? _____

C) QUEM ESCOLHEU O NOME DO PERSONAGEM DO TEXTO?

_____

D) EM QUAL DOCUMENTO ESTÁ REGISTRADO O NOME DO MENINO DO TEXTO?

_____

5 OBSERVE A FOTOGRAFIA A SEGUIR.

▶ ALMOÇO EM FAMÍLIA. SANTO ANDRÉ, SÃO PAULO.

A) O QUE OS MEMBROS DESSA FAMÍLIA ESTÃO FAZENDO JUNTOS?

_____

B) COMPLETE O QUADRO INDICANDO AS DIFERENÇAS E SEMELHANÇAS QUE VOCÊ NOTOU ENTRE ESSA FAMÍLIA E AS FAMÍLIAS RETRATADAS NA PÁGINA 25.

SEMELHANÇAS	DIFERENÇAS

NESTA UNIDADE VIMOS

AO ESTUDAR HISTÓRIA, PERCEBEMOS MUDANÇAS E PERMANÊNCIAS NAS PESSOAS, NAS FAMÍLIAS E NOS OBJETOS.

CADA PESSOA TEM NOME, SOBRENOME E DOCUMENTOS QUE A IDENTIFICAM.

PARA CONTAR A HISTÓRIA DE PESSOAS, FAMÍLIAS E COMUNIDADES PODEMOS ESTUDAR O PASSADO POR MEIO DE RECORDAÇÕES E OBJETOS.

NOSSA HISTÓRIA, A HISTÓRIA DE NOSSA FAMÍLIA E DE NOSSAS COMUNIDADES PODEM SER REGISTRADAS DE DIFERENTES FORMAS.

ILUSTRAÇÕES: DAM FERREIRA

PARA FINALIZAR, RESPONDA:

- COMO AS PESSOAS DA IMAGEM DAS PÁGINAS 6 E 7 PODEM SER IDENTIFICADAS?
- O QUE PODEMOS OBSERVAR AO ESTUDAR A HISTÓRIA DAS PESSOAS E DOS OBJETOS?
- ONDE PODEMOS ENCONTRAR INFORMAÇÕES SOBRE AS HISTÓRIAS DAS PESSOAS, DAS FAMÍLIAS E DAS COMUNIDADES?

PARA IR MAIS LONGE

Livros

A HISTÓRIA DE CADA UM, DE JUCIARA RODRIGUES (SCIPIONE).

"AQUELE DIA NA ESCOLA FOI MARAVILHOSO. TODOS CONTARAM SUAS HISTÓRIAS, DESENHARAM E PINTARAM SUAS FAMÍLIAS." ESSA FRASE RESUME O LIVRO, QUE CONTA AS VIVÊNCIAS DE UM GRUPO DE ALUNOS. CADA UM LEVOU PARA A ESCOLA FOTOGRAFIAS DA FAMÍLIA E FICOU CONHECENDO A HISTÓRIA DO OUTRO.

OS GUARDADOS DA VOVÓ, DE NYE RIBEIRO (RODA & CIA).

"UM DIA DESSES, [...] VOVÓ TIROU UMA PORÇÃO DE COISAS DO ARMÁRIO E COMEÇOU A ME CONTAR HISTÓRIAS." REVENDO OBJETOS COM A AVÓ, A NETA PASSA A CONHECER ALGUMAS DAS HISTÓRIAS DE SUA FAMÍLIA.

NOME, SOBRENOME, APELIDO, DE RENATA BUENO E MARIANA ZANETTI (COMPANHIA DAS LETRINHAS).

"TULIO TEM UM CÃO DE CORRIDA [...] OTO É O NOME DELE." ESSA É UMA DAS 15 HISTÓRIAS DO LIVRO COM NOME DE PESSOAS E DE ANIMAIS.

▶ **VIDA FAMILIAR EM DIFERENTES TEMPOS**, DE INGRID SCHWYZER (POSITIVO).

"GRANDE OU PEQUENA, NO PASSADO OU NO PRESENTE, VIVENDO NO BRASIL OU EM QUALQUER LUGAR DO MUNDO, AS FAMÍLIAS SE ORGANIZAM DE DIFERENTES MODOS." ESSA É A MENSAGEM PRINCIPAL DESSE LIVRO, QUE ABORDA AS MUDANÇAS NAS FAMÍLIAS EM DIFERENTES TEMPOS E ESPAÇOS.

Filme

▶ **DIVERTIDA MENTE**. DIREÇÃO: PETER DOCTER, 94 MIN. "ESSAS SÃO AS MEMÓRIAS DE RILEY, E A MAIORIA DELAS É ALEGRE." NESTE FILME DESCOBRIMOS COMO AS EMOÇÕES INFLUENCIAM A VIDA DE RILEY, UMA MENINA DE 12 ANOS.

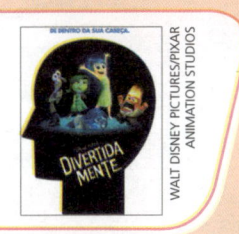

UNIDADE 2

O cotidiano das pessoas

- Quais destas atividades você imagina que se repetem diariamente?
- Você acha que todas as pessoas fazem as mesmas atividades todos os dias? Por quê?
- Você sabe o que significa a palavra **rotina**?

CAPÍTULO 1 — Minha rotina

Dividindo meu dia

1 Pinte os desenhos de acordo com o tempo que você dedica à realização de cada atividade.

Verde: pouco tempo

Laranja: nem pouco nem muito tempo

Azul: bastante tempo

2 Há alguma atividade do desenho que você não faz todos os dias?

Todos os dias eu...

O texto a seguir descreve parte de um dia na vida de Leocádio, o Lelê, um menino de 8 anos. Ele registra suas atividades em um **diário**.

> **Glossário**
>
> **Diário:** caderno em que são registradas atividades do cotidiano.

16 de julho: um dia comunzão

Hoje foi um dia bem normal. Eu não fiz nada. Só isto:
* Acordei,
* Escovei os dentes,
* Lavei o rosto,
* [...],
* Botei a roupa,
* Tomei café (eu gosto de molhar o pão com manteiga no copo de café com leite [...]),
* Li um gibi do Hulk,
* Recortei o gibi do Hulk,
* Escutei uma bronca da minha mãe porque eu estraguei o gibi do Hulk [...]
* Joguei um pouco de *playstation* e vim aqui escrever no meu diário.
Daqui a pouco vai ser o almoço. E depois eu vou na médica [...].

José Roberto Torero. *O diário de Lelê*. São Paulo: Moderna, 2009. p. 10-11.

Ilustrações: Kau Bispo

Faz parte de minha rotina

Tudo o que Lelê escreveu no diário dele aconteceu em uma manhã.

Algumas atividades ele faz diariamente; outras, apenas de vez em quando, assim como todos nós.

Observe como é um dia na vida de João.

- João acorda todos os dias no mesmo horário.

- Depois de acordar, vai ao banheiro e escova os dentes.

- João adora ler gibis, mas ele não faz isso todos os dias.

4 ➕ SAÚDE

◆ João toma todas as vacinas. Para isso, ele vai ao posto de saúde, o que não acontece todos os dias.

5

◆ João sempre vai à escola. Ele não gosta de faltar às aulas.

6

◆ Tomar banho e dormir também são atividades que ele faz diariamente.

Dormir, acordar, comer e escovar os dentes são algumas ações que praticamos todos os dias. Essas ações fazem parte de nossa rotina.

O dia dos outros

Muitas vezes praticamos atividades semelhantes às de outras pessoas, mas cada uma tem a própria rotina.

A seguir, vamos conhecer a rotina de algumas pessoas.

▶ Belo Horizonte, Minas Gerais.

- Todos os dias Pâmela deixa os filhos na escola e depois pega um ônibus para ir trabalhar. Ela trabalha em uma agência bancária, no centro da cidade.

- Francisca trabalha todos os dias no mercado, onde vende frutas de seu sítio. À noite ela estuda na faculdade para se tornar enfermeira.

▶ Mercado Público Municipal de Parnaíba, Piauí.

- Iara desempenha diferentes papéis na aldeia Kuikuro, que incluem cuidar da plantação da comunidade, participar da educação das crianças e algumas atividades manuais, como tecer redes.

▶ Parque Indígena do Xingu, Mato Grosso.

- Valdir trabalha no cultivo da soja. Ele e os colegas usam veículos para colher e transportar a soja.

▶ Coronel Bicaco, Rio Grande do Sul.

- Antônia se aposentou após trabalhar 35 anos em uma fábrica de tecido. Hoje ela aproveita o tempo livre para cuidar da saúde praticando exercícios físicos no parque da cidade.

▶ Parque Ambiental Poti I, Teresina, Piauí.

- Jeferson e Anderson são atores. Eles apresentam peças de teatro tanto na cidade quanto no campo.

▶ São Luiz do Paraitinga, São Paulo.

As atividades que fazemos ao longo do dia podem ser parecidas com as de outras pessoas, mas praticadas em outros horários. Isso acontece porque a rotina de cada pessoa é diferente.

Atividades

1 Para marcar os períodos, costumamos dividir o dia em manhã, tarde e noite. Pense no dia de ontem e, em uma folha à parte, desenhe uma atividade que você fez em cada período: manhã, tarde e noite.

2 Volte ao diário de Lelê, na página 41, e complete:

a) Os diários têm esse nome porque eles são escritos:

☐ de vez em quando. ☐ uma vez por mês.

☐ todos os dias.

b) Lelê estava escrevendo no período da:

☐ manhã. ☐ tarde. ☐ noite.

c) À tarde, depois do almoço, Lelê foi:

☐ à escola. ☐ à médica. ☐ ao clube.

3 Como é possível saber em que período do dia Lelê escreveu?

_____

_____

4 Observe um dia na vida de Laura e faça o que se pede.

a) Numere as cenas na ordem dos acontecimentos.

b) Indique as atividades que Laura pode ter feito:

- pela manhã – _____

  _____;

- à tarde – _____

  _____;

- à noite – _____

  _____.

c) Que atividades da vida de Laura também são feitas por outras pessoas de seu convívio? Escreva quais são essas atividades e quem as faz.

_____

_____

CAPÍTULO 2

Pessoas à minha volta

No caminho de Cristina

1. Trace o caminho que Cristina deve percorrer para chegar até a escola.

George Tutumi

2. Quais pessoas Cristina encontrou em seu caminho?

3. Quais dessas pessoas você imagina que ela encontra todos os dias?

Como vou à escola

Os percursos dos alunos de casa à escola podem ser muito diferentes. Dependem da distância a ser percorrida e da localização da escola. Alguma das imagens a seguir mostra como você vai à escola?

- Muitos alunos vão à escola de transporte escolar, como ônibus e *vans*.

- Outros alunos utilizam um barco em parte do percurso de casa até a escola.

▶ Santaluz, Bahia.

▶ Tracuateua, Pará.

- Alguns vão à escola de bicicleta, acompanhados dos demais colegas da escola.

- Há alunos que vão à escola acompanhados dos pais, avós, tios ou vizinhos. Eles podem ir de carro ou a pé.

▶ Soure, Pará.

▶ Garça, São Paulo.

Com quem convivo

Você já percebeu que convive com diferentes pessoas diariamente?

Todas as pessoas com quem convivemos são importantes. Com elas podemos conversar, aprender coisas novas, compartilhar aprendizagens e realizar diversas atividades.

- Em casa, convivemos com nossos pais, irmãos, avós e outras pessoas.

▶ Almoço em família em Teresina, Piauí.

- Na escola, convivemos com os colegas de turma, professores e outros profissionais da educação.

▶ Colegas de escola em São Paulo, São Paulo.

As pessoas com quem convivemos em nossa família, na escola ou nas comunidades são diferentes entre si.

Profissionais que encontro

Além das pessoas com quem convivemos em casa e na escola, existem outras que nos ajudam nas atividades do dia a dia.

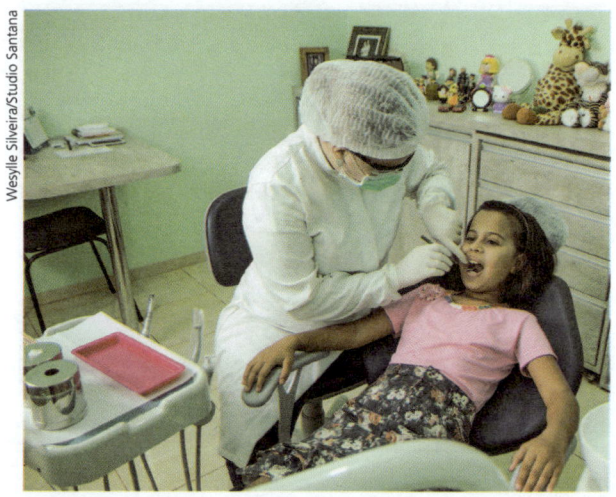

◆ Luana atende muitas crianças em seu consultório odontológico.

▶ Itaporã, Mato Grosso do Sul.

◆ Ângela vende roupas e acessórios da loja dela para Mônica, que sempre compra roupas para sua filha, Elisa.

▶ Itaporã, Mato Grosso do Sul.

◆ Andreia prepara deliciosas refeições para os alunos da escola.

▶ São Paulo, São Paulo.

Atividades

1 Observe as imagens a seguir e faça o que se pede.

A ▶ São Paulo, São Paulo.

C ▶ São Paulo, São Paulo.

B ▶ Jacareí, São Paulo.

D ▶ São Paulo, São Paulo.

a) Faça a correspondência correta entre as imagens e as frases.

☐ Profissional que zela pela segurança no trânsito.

☐ Profissional que produz alimentos.

☐ Profissional que trabalha na área de educação escolar.

☐ Profissionais que cuidam da limpeza das ruas da cidade.

b) Por que você acha que a presença desses profissionais é importante? Converse com os colegas e registre sua opinião.

c) Observando as imagens, qual dessas profissões você diria que pode contribuir para a melhoria e preservação do meio ambiente? Por quê?

2 Em seu caderno, escreva o nome de duas pessoas com quem você convive diariamente e explique quem são e o que fazem juntos:

a) na família;

b) na escola.

3 Volte aos exemplos da página 49 e responda no caderno:

a) Como você vai para a escola?

b) Com quem você convive nesse percurso?

4 Assinale os profissionais com os quais você convive frequentemente.

- ☐ pediatra
- ☐ dentista
- ☐ babá
- ☐ padeiro
- ☐ professor
- ☐ fonoaudiólogo
- ☐ motorista do transporte escolar
- ☐ lixeiro

5 Circule o que você vê no trajeto de sua casa até a escola.

pastelaria	orelhão	padaria
farmácia	plantação	açougue
mercado	lavanderia	vidraçaria
correio	quitanda	lanchonete
banca de jornal	laboratório	coreto
igreja	loja de roupas	sorveteria
rio	mecânica de automóveis	

53

CAPÍTULO 3
Quando vou à escola

Um passeio pelo bairro

Que tal aproveitar o caminho de casa até a escola para conhecer um pouco mais o lugar onde você mora?

1. Observe todas as pessoas e os ambientes por onde você passa. Quais são as pessoas que você vê todos os dias? O que elas fazem?

2. Conte o que você observou aos colegas e ao professor.

O que acontece no meu bairro

Todos os dias diversas coisas acontecem no bairro onde você vive. Há pessoas que saem para passear, outras vão para o trabalho e muitas crianças frequentam a escola de manhã ou à tarde.

Além das casas e escolas, há outros ambientes no bairro. Geralmente eles são criados para atender aos moradores em diferentes áreas.

Observe as imagens:

- Rua de comércio.

▶ Centro da cidade de Carapicuíba, São Paulo.

- Serviços públicos.

▶ Bairro Trindade, Florianópolis, Santa Catarina.

- Praça para o lazer.

▶ Bairro Moinho de Vento, Porto Alegre, Rio Grande do Sul.

Esses lugares são frequentados ao longo da semana, em diferentes períodos do dia. Portanto, diversas coisas acontecem no bairro enquanto você está na escola.

Durante a semana

Você faz algumas atividades antes de ir à escola, outras durante o período em que está nela e outras quando volta para casa.

Vamos conhecer algumas atividades realizadas durante a semana por Joaquim?

Ilustrações: Erik Malagrino

Todos os dias Joaquim pega o ônibus escolar no período da manhã para ir à escola. Lá ele faz uma série de atividades propostas pelo professor e retorna para casa no final da tarde. À noite, faz uma refeição bem saborosa, preparada pelos pais dele.

Essas atividades também são feitas por você?

> Atividades como as praticadas por Joaquim fazem parte do dia a dia e acontecem em sequência, uma depois da outra.

Enquanto estou na escola

Enquanto estamos na escola muitas coisas acontecem, não é mesmo? Você já olhou pela janela da escola hoje?

Através da janela podemos perceber que muitas coisas ocorrem ao mesmo tempo. Fora da escola as pessoas andam na calçada, os carros passam na rua e as pessoas trabalham. Podemos ver outras coisas acontecerem nas demais dependências da escola, como alunos e funcionários em diversas atividades.

Enquanto você está na escola, muitas coisas acontecem ao mesmo tempo dentro e fora do ambiente escolar – são atividades simultâneas.

Direto da fonte

A fotografia ao lado mostra uma partida de futebol de rua em 1976.

Na imagem há diversas crianças ao mesmo tempo, mas nem todas estão agindo da mesma maneira.

Observe a fotografia com atenção.

▶ Crianças jogam futebol. São Paulo, São Paulo, 1976.

1. O que mais chamou sua atenção na imagem? Por quê?

2. Descreva a imagem e destaque a atitude de cada criança.

3. Que diferenças você observa entre a época da fotografia e a época atual?

_____
_____
_____
_____

4. Ao observar a imagem, você imagina que essas crianças jogavam futebol na rua com frequência? Por quê?

_____
_____
_____

#Digital

As simultaneidades no cotidiano

As pessoas realizam atividades diferentes ao longo do dia.

Enquanto você estuda, muitas outras pessoas estão trabalhando, fazendo compras, comendo.

Que tal conhecer as atividades que são praticadas simultaneamente por você e um adulto que você conhece?

1. Escolha um adulto de sua família e peça para ele relatar como é um dia da vida dele: o que faz e em quais horários.

2. Utilize um gravador de áudio ou telefone celular para gravar a entrevista.

3. Em um local com pouco barulho, inicie a gravação.

   a) Primeiro, apresente-se (diga seu nome, sua idade, a data e o objetivo da atividade).

   b) Depois peça ao entrevistado que se apresente. Em seguida, ele pode começar a contar como é o dia dele, desde a hora em que se levanta até a hora em que vai dormir.

   c) Peça-lhe que explique detalhadamente o que ele faz no período em que você está na escola. Ao final, agradeça ao entrevistado e se despeça.

4. Utilize as informações obtidas na entrevista para comparar as atividades da pessoa entrevistada com o que você faz no dia a dia.

Atividades

1 Leia o texto e responda às questões.

Como as crianças yanomami aprendem

Nós yanomami ensinamos nossas crianças nas tarefas cotidianas. Assim, quando a mãe trança um cesto a filha observa e tenta fazer um cesto pequeno, ao mesmo tempo que brinca imitando a mãe ela aprende a trançar o cesto.

Da mesma forma, quando o pai vai caçar perto da casa, leva seu filho junto para que ele conheça a floresta, as plantas, os animais. É comum que o pai faça um arco e flecha pequenos para que o filho aprenda a flechar pequenos animais, assim ele vai treinando para, quando crescer, virar um bom caçador.

Sidiney Nanari Yanomami, Lourenço Yoina Yanomami, Alípio Warinawa, Ênio Mayanawa Yanomami, Magno Junior Iwari Yanomami. Jeitos de aprender. *Instituto Socioambiental*. Disponível em: <https://mirim.org/como-vivem/aprender>. Acesso em: 18 mar. 2019.

a) Qual é o assunto tratado no texto?

_____

b) De acordo com o texto, o que é possível saber sobre o cotidiano de adultos e crianças yanomami?

_____
_____
_____

c) Segundo o texto, que atividades realizadas por mães e filhas ocorrem de maneira simultânea?

_____
_____
_____

2 Em seu dia a dia você pratica várias atividades sequenciais. Complete o quadro com algumas dessas atividades, na ordem em que você as realiza.

1. Acordar.	2.
3.	4. Ir para a escola.
5. Voltar da escola.	6.
7.	8. Dormir.

3 Observe as imagens e escreva a letra **A** nas ações simultâneas, e **B** nas ações sequenciais.

Hora da leitura

O dia é cheio de momentos diferentes.
Há hora de ir à escola, hora de se alimentar e hora de brincar.
Brincar é tão bom que a gente até perde a hora...
E nos chamam para entrar em casa, porque já é tarde.

Brincar na rua

Tarde?
O dia dura menos que um dia.
O corpo ainda não parou de brincar
E já estão chamando da janela:
É tarde.

Ouço sempre este som: é tarde, tarde.
A noite chega de manhã?
Só existe a noite e seu sereno?

O mundo não é mais, depois das cinco?
É tarde.
A sombra me proíbe.
Amanhã, mesma coisa.
Sempre tarde antes de ser tarde.

Carlos Drummond de Andrade. *Vou crescer assim mesmo: poemas sobre a infância*.
São Paulo: Companhia das Letrinhas, 2016. p. 12-14.

1 Considerando que o personagem do texto não está com relógio, como ele pode perceber que já é tarde? Explique.

2 Você tem hora de brincar?

3 Depois que entra em casa, você continua a brincar ou precisa fazer outras atividades? Quais são essas atividades?

HISTÓRIA em ação

O cotidiano do professor Paulo

Você viu nesta unidade que as pessoas realizam diferentes atividades.

Você estudou sua rotina, a rotina dos outros e viu como as coisas podem mudar ou permanecer iguais no ambiente escolar.

Mas você imagina como pode ser a rotina de um professor?

O professor Paulo tem uma rotina bem intensa! Vamos conhecer um pouquinho dela?

▶ Para chegar à escola, Paulo precisa pegar o ônibus às 6 horas da manhã. Ele, o motorista e a cobradora do ônibus já são até colegas, de tanto tempo que viajam juntos.

▶ Durante o dia, Paulo dá aula em duas escolas diferentes, de manhã e à tarde. Na parte da manhã, ele trabalha com uma turma do 2º ano. À tarde, leciona História para várias turmas.

▶ Quando Paulo chega em casa, divide as tarefas domésticas com sua esposa, leva os cachorros para passear e faz as leituras necessárias para as aulas do dia seguinte.

▶ Depois de organizar todas as tarefas que terá de realizar no dia seguinte, Paulo vai descansar; afinal, ele deve chegar à sala de aula antes dos alunos. Como é corrida a semana do professor!

Todas as pessoas têm uma rotina. O estudo das rotinas em diferentes épocas e lugares também faz parte da História.

Revendo o que aprendi

1 Observe estas imagens de um dia na vida de Ana e responda às questões no caderno.

a) Escreva o que Ana fez em cada período do dia: manhã, tarde e noite.

b) Que atividades rotineiras Ana pode ter feito e não foram mostradas nos desenhos?

2 As ilustrações mostram crianças fazendo atividades ao mesmo tempo e em locais diferentes. Ligue as frases às imagens correspondentes e, depois, pinte-as.

Rodrigo gosta de ler de manhã.

Marcela aproveita suas manhãs para brincar com Ana Lara.

3 Complete o diagrama de palavras de acordo com os itens a seguir.

1. Atividade que acontece ao mesmo tempo que outra.
2. Atividade que ocorre logo após a outra.
3. Nome dado ao conjunto de atividades que fazemos todos os dias.

4 Observe a imagem e marque as respostas corretas.

a) Que lugar está representado?

☐ Um parque.   ☐ Uma escola.

b) As atividades mostradas estão acontecendo:

☐ ao mesmo tempo.   ☐ em tempos diferentes.

65

Nesta unidade vimos

- Algumas atividades são realizadas com frequência menor do que outras.

- As atividades que são feitas todos os dias fazem parte de nossa rotina. As pessoas podem ter rotinas diferentes.

- Muitas coisas acontecem ao mesmo tempo.

Para finalizar, responda:

- O que é rotina?
- O que você descobriu sobre os afazeres diários das pessoas?

Para ir mais longe

Livros

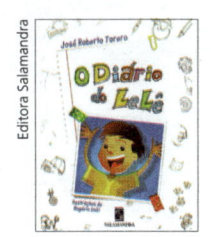

▶ **O diário do Lelê**, de José Roberto Torero (Salamandra).

Lelê é um menino muito esperto, que gosta de registrar os acontecimentos de seu dia a dia em um diário. Repletas de emoção e aventuras, suas anotações são histórias do cotidiano que lembram situações que todos nós conhecemos ou mesmo já vivenciamos.

▶ **Serafina sem rotina**, de Cristina Porto (Ática).

Serafina, uma menina bastante espontânea e criativa, tem um caderno de anotações pessoais, no qual registra histórias, brincadeiras, poesia, música e muitas outras sugestões alegres e descontraídas. Sua intenção é partilhar boas experiências evitando, assim, a monotonia.

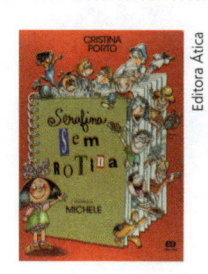

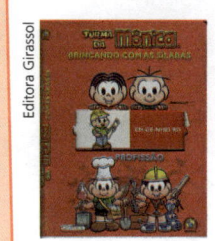

▶ **Turma da Mônica – Brincando com as sílabas: profissão**, de Mauricio de Sousa (Girassol).

A proposta do livro é auxiliar na alfabetização, ampliar o vocabulário e ensinar várias curiosidades sobre muitas profissões.

Filme

▶ **O pequeno Nicolau.** Direção: Jean-Jacques Sempé, 91 min.

O filme conta a história de Nicolau, um garoto francês, e suas experiências com os amigos de escola. Juntos, eles fazem alguns planos ao saber que Nicolau terá um irmão. Boa parte da história se passa em uma escola do passado.

Site

▶ **Museu da Pessoa**: <www.museudapessoa.net>.

O Museu da Pessoa é um espaço virtual em que as pessoas podem contar a história delas. Lá você pode conhecer um pouco da vida das pessoas no passado e, quem sabe, até contar um pouco de sua história.

UNIDADE 3
A passagem do tempo

- Quem você acha que é a pessoa na imagem?
- Você consegue criar uma história para essa pessoa? Converse com os colegas e, juntos, deem um nome à personagem e contem a história de vida dela do jeito que vocês imaginam.

Simone Matias

CAPÍTULO 1 — O tempo

A rotina e o tempo

Vamos conhecer a rotina de Luane?

INÍCIO DO DIA — AMANHECER — 1 — 2 — MEIO-DIA — 4 — 3 — TARDE — 5 — 6 — NOITE — HORA DE DORMIR

1 Recorte as ilustrações da página 147 e cole-as acima, na sequência correta dos acontecimentos.

2 Compare as atividades diárias de Luane com as suas e responda:

a) O que Luane faz no período da manhã? E você?

b) O que ela faz no período da noite? E você?

O tempo passa

É possível perceber a passagem do tempo? Pense na resposta enquanto observa a história em quadrinhos a seguir.

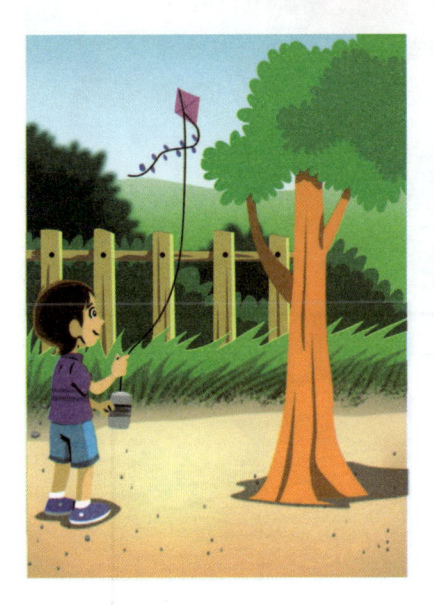

Ilustrações: Dam Ferreira

Nós crescemos e envelhecemos. As árvores crescem e dão frutos. Até mesmo nossos animais de estimação, que um dia foram filhotes, crescem.

Esses são alguns sinais de que o tempo passa.

Observar as mudanças que acontecem à nossa volta é uma das formas de percebermos a passagem do tempo.

O que vem antes? E depois?

Você não precisa se tornar adulto, ver uma árvore dar frutos ou esperar seu cachorro ficar grande para perceber que o tempo passou.

É possível observar a passagem do tempo de outras maneiras.

Observe um dia na vida de Natália.

Ilustrações: George Tutumi

De manhã, **após** o café, Natália ajudou sua mãe a arrumar a cama e **depois** foi brincar com sua amiga Nina.

Depois do almoço, Natália foi à escola. **Durante** a aula de Arte, ela aprendeu a fazer pintura com tinta.

Ao voltar da escola, foi jantar com a mãe na casa da tia Rosana.

À noite, **antes** de dormir, escreveu tudo o que aconteceu naquele dia em seu diário.

"Após", "durante", "depois" e "antes" são palavras que indicam a passagem do tempo.

Atividades

1 Preencha o quadro com informações sobre o que você faz.

Antes do almoço	
Depois do almoço e antes do jantar	
Depois do jantar e antes de dormir	

2 Numere as imagens na ordem em que você acha que as ações aconteceram.

Fotos: Fernando Favoretto

3 As palavras **agora**, **antes** e **depois** indicam passagem de tempo. **Agora** é o momento que estamos vivendo. **Antes** é o tempo que já passou e **depois** é o tempo que ainda está para chegar.

Leia as frases a seguir e marque o momento correto com **X**.

a) O momento em que você está fazendo esta atividade.

☐ agora ☐ antes ☐ depois

b) O dia de seu aniversário neste ano.

☐ agora ☐ antes ☐ depois

c) Quando você aprendeu a andar.

☐ agora ☐ antes ☐ depois

d) O Natal deste ano.

☐ agora ☐ antes ☐ depois

4 Observe a cena e desenhe o que você imagina que aconteceu depois.

5 No caderno elabore uma história em quadrinhos mostrando o que você faz na escola do momento em que você chega até ir embora.

CAPÍTULO 2
Tempo para cada atividade

O tempo da natureza

1. Observe a imagem e faça o que se pede.

a) No quadro abaixo, desenhe a paisagem da imagem acima durante o dia.

b) Quais são as semelhanças e as diferenças entre as duas imagens?

Observar a natureza

Observar o Sol sumir do horizonte e perceber a escuridão do céu, a Lua e as estrelas foi uma das primeiras formas de as pessoas notarem a passagem do tempo no passado. Assim, essa primeira divisão do tempo compreendia o **dia**, período em que há luz natural do Sol, e a **noite**, quando ele se põe.

Os seres humanos do passado perceberam também que a cada sete noites o formato da Lua mudava. Esse período passou a ser chamado **semana**, que também quer dizer "sete manhãs".

Fase da Lua é o aspecto ou aparência que a Lua tem quando a olhamos daqui da Terra. Ela pode ter quatro fases: cheia, minguante, nova e crescente. O período que completa o ciclo com essas fases da Lua é chamado de **mês**.

▶ Lua nova: a Lua não é vista no céu.

▶ Quarto crescente: a parte que vemos crescer gradativamente.

▶ Lua cheia: está toda visível.

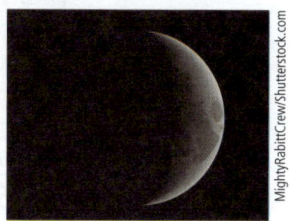

▶ Quarto minguante: a parte que vemos diminuir gradativamente.

Observando a natureza, as pessoas perceberam outras mudanças: algumas épocas eram mais quentes, outras mais frias; em um período havia muitas plantas, em outro, a quantidade de alimentos era menor. E isso se repetia ao longo do tempo. Assim, os seres humanos identificaram períodos maiores, como o **ano**.

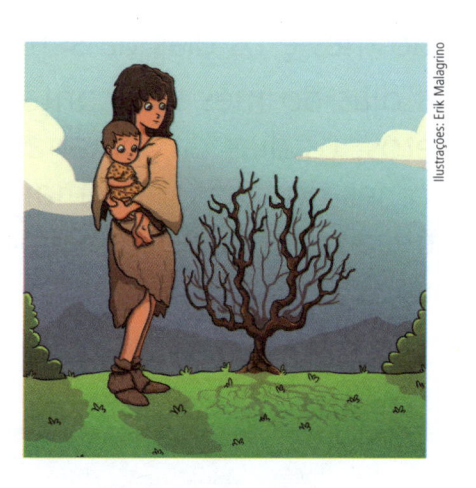

É possível medir o tempo?

Não podemos ver nem tocar o tempo. Mas, ao observar a natureza, os seres humanos perceberam que é possível medir a passagem do tempo.

Diversos povos criaram formas de medir o tempo. Uma delas é a organização do tempo em segundos, minutos, horas, dias, semanas, meses e anos.

Os calendários mostram os dias, as semanas e os meses do ano. Existem os dias do mês e os dias da semana.

Os dias do mês são contados em números; os dias da semana têm nomes. Os nomes dos dias da semana são identificados no calendário por suas letras iniciais.

D – domingo

S – segunda-feira

T – terça-feira

Q – quarta-feira

Q – quinta-feira

S – sexta-feira

S – sábado

Organizando as atividades

A marcação do tempo está presente na organização de nossas rotinas e atividades diárias. Observe alguns exemplos:

- Edu marca o tempo observando as necessidades de seu cachorro, Duque.

- Para Lia, o calendário deveria marcar somente os dias de ir à escola.

- Raoni adora frutas, por isso inventou um calendário em que trocou o nome dos meses pelo nome de frutas. Assim, o mês de setembro virou o mês do caju!

Edu, Lia e Raoni são amigos. Veja a seguir o calendário que eles usaram na escola.

2019 — SETEMBRO

D	S	T	Q	Q	S	S
1	2	3	4	5	6	7
8	9	10	11	12	13	14
15	16	17	18	19	20	21
22	23	24	25	26	27	28
29	30					

Edu circulou de verde os dias em que Duque deverá tomar banho e ir ao veterinário no mês de setembro. Lia circulou de roxo a semana em que ocorrerá a Feira de Ciências da escola. E Raoni circulou o nome do mês em que o cajueiro dá frutos.

79

O relógio

Outra forma de medir a passagem do tempo é pelo relógio. O relógio marca as horas, os minutos e os segundos.

O ponteiro menor marca as horas.

O ponteiro maior marca os minutos.

O ponteiro mais fino marca os segundos.

Em alguns tipos de relógio, aparecem no visor apenas os números que indicam o tempo naquele instante. São os relógios digitais.

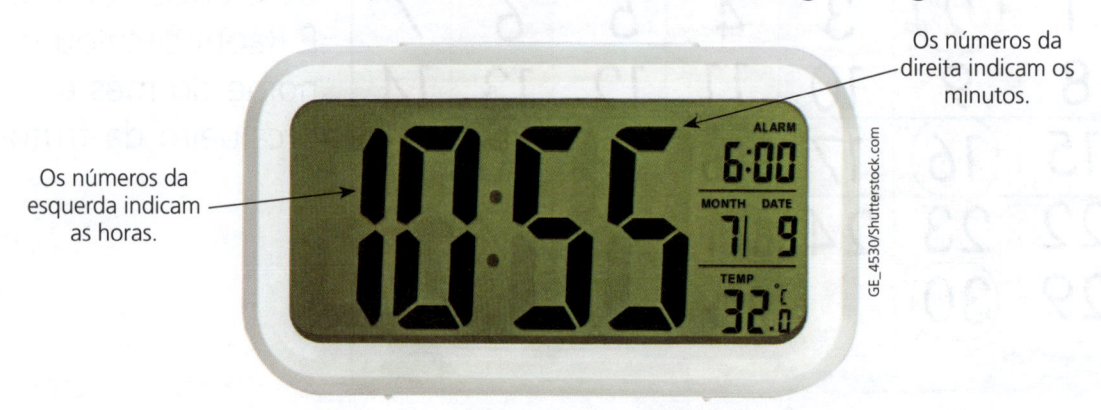

Os números da esquerda indicam as horas.

Os números da direita indicam os minutos.

A linha do tempo

Da mesma forma que podemos organizar as horas, os dias e os meses em um calendário, é possível organizar os acontecimentos da vida de uma pessoa. Isso já foi feito na página 11, quando você fez as atividades utilizando informações colhidas na seção **Pesquisa histórica**.

Você já pensou em seu tempo de vida? Ele é contado a partir do dia em que você nasceu.

Desde o nascimento, sua aparência mudou, você aprendeu coisas novas e aconteceram situações importantes. Uma das formas de organizar esses acontecimentos, do passado para o presente, é usar uma **linha do tempo**. Observe a linha do tempo da vida de Dora.

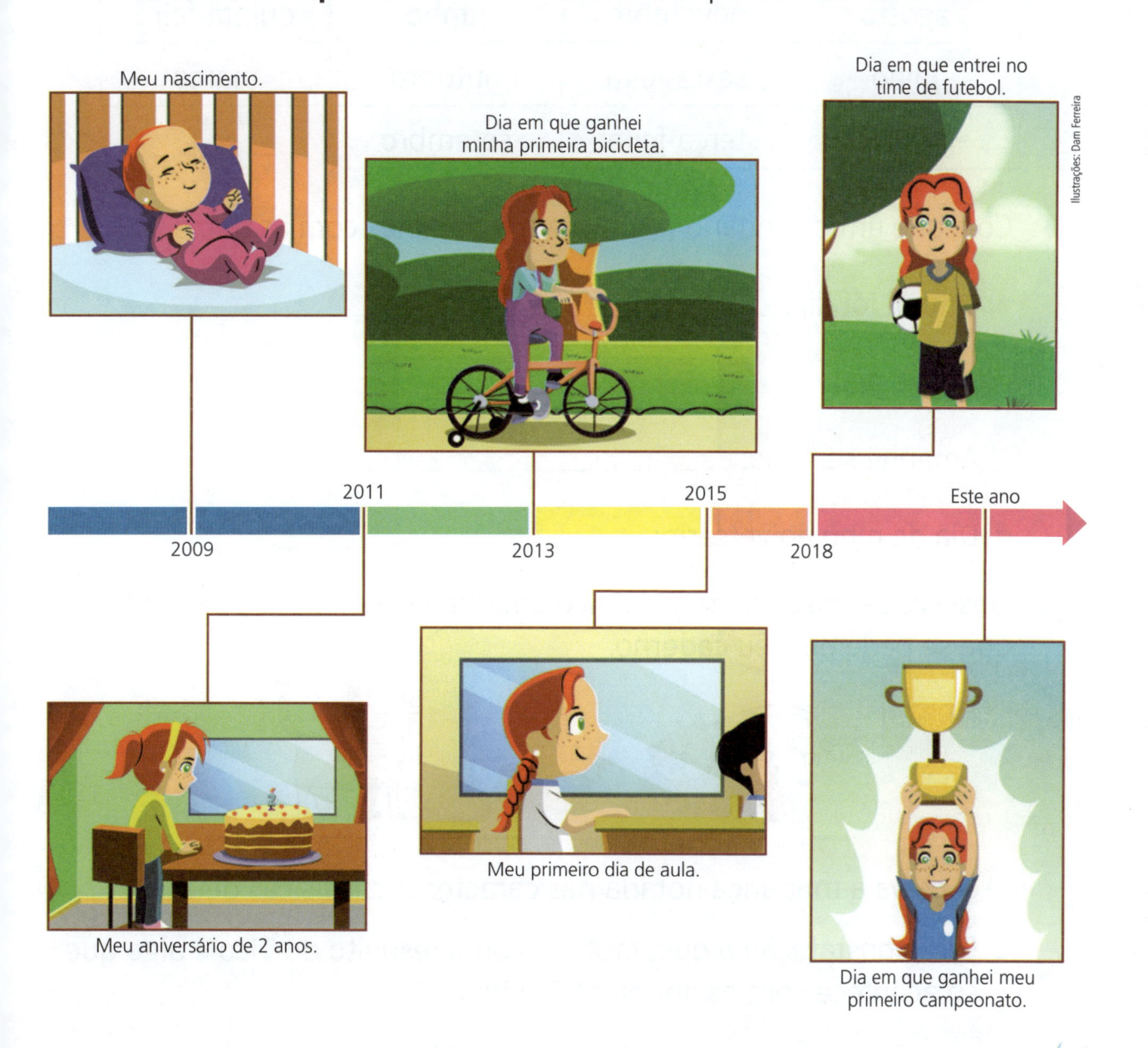

Meu nascimento.

Dia em que ganhei minha primeira bicicleta.

Dia em que entrei no time de futebol.

Ilustrações: Dam Ferreira

2009 — 2011 — 2013 — 2015 — 2018 — Este ano

Meu aniversário de 2 anos.

Meu primeiro dia de aula.

Dia em que ganhei meu primeiro campeonato.

Atividades

1 Como as pessoas podem diferenciar o dia da noite sem usar um relógio? Explique oralmente.

2 Pinte no quadro a seguir os dias da semana de **vermelho** e os meses do ano de **azul**.

domingo	fevereiro	abril	quarta-feira
dezembro	segunda-feira	janeiro	sábado
agosto	novembro	junho	quinta-feira
julho	sexta-feira	outubro	março
maio	terça-feira	setembro	

3 Consulte um calendário e complete as lacunas com as datas.

a) Ontem foi dia: _____.

b) Hoje é dia: _____.

c) Amanhã será dia: _____.

d) Dia de meu aniversário: _____.

4 Observe as imagens do gato Tico em diferentes fases da vida e faça o que se pede em seu caderno.

a) Escreva a mudança notada nas características físicas dele.

b) Essa constatação a que você chegou a respeito do Tico é algo que só acontece com os animais? Explique.

5 Faça uma lista dos acontecimentos que você considera importantes em cada mês do ano. Sugestões: data de seu aniversário e dos colegas, passeios e festas realizados pela escola etc. Em seguida, recorte o encarte da página 159 e crie seu próprio calendário. Depois, exponha-o na sala de aula.

6 Observe o encarte que você acabou de preencher. Tendo como referência o mês de seu aniversário, assinale corretamente com **X** em que momento acontece cada evento a seguir.

a) Carnaval.
- ☐ antes
- ☐ durante
- ☐ depois

b) Festas juninas.
- ☐ antes
- ☐ durante
- ☐ depois

c) Férias escolares.
- ☐ antes
- ☐ durante
- ☐ depois

7 Que instrumentos podemos usar para medir a passagem do tempo?

_____

8 Quanto tempo se passou desde que você nasceu?

_____

9 Que mudanças em sua aparência demonstram que o tempo passou desde que você nasceu?

_____

_____

_____

CAPÍTULO 3

Um mundo de mudanças

De ontem e de hoje

Muitas coisas que nos cercam surgiram no passado. Algumas em um passado distante, outras em uma época mais próxima de nós. Observe a cena a seguir.

George Tutumi

1 Quais objetos da cena você acha que surgiram no passado mais distante?

Circule de **azul** os objetos mais antigos e de **vermelho** os objetos mais recentes.

Tudo muda ou não?

Ao observar a natureza, os acontecimentos ao nosso redor e nosso próprio corpo podemos perceber a passagem do tempo. O dia termina e a noite chega, as árvores crescem e nós envelhecemos. Tudo isso indica que o tempo passou.

Mas será que tudo muda mesmo? Vamos observar alguns exemplos.

- Os brinquedos.

Muitas vezes, brinquedos inventados no passado ressurgem como opção de brincadeira na atualidade; em geral, são feitos de materiais modernos, mas são usados da mesma forma que antigamente.

▶ Meninos brincando de patinete em 1930 e atualmente.

Na década de 1930 era comum usar máquina de escrever. Com o passar dos anos, novas tecnologias foram desenvolvidas, incorporando novos recursos. Hoje as máquinas de escrever são pouco utilizadas no dia a dia após a popularização de computadores, *laptops* e *tablets*.

- Os equipamentos.

▶ Mulher usando máquina de escrever em 1930 e menina utilizando computador atualmente.

Direto da fonte

Com a passagem do tempo, algumas coisas mudam e outras não. Mudanças também ocorrem nos espaços da cidade. Eles passam por uma série de transformações ao longo dos anos.

Observe as imagens a seguir.

▶ Igreja de São Francisco de Assis, Ouro Preto, Minas Gerais, em 1880 e atualmente.

1 Essas fotografias retratam o mesmo lugar ou são de lugares diferentes? Como você chegou a essa conclusão?

_____

_____

2 Complete o quadro com algumas semelhanças e diferenças entre as duas fotografias.

Semelhanças	Diferenças

Mudanças nas profissões

Os objetos, casas, cidades e profissões mudam com o passar do tempo. Algumas profissões deixam de existir porque não atendem às necessidades das pessoas da mesma maneira que antigamente. Em seu lugar surgem novas tecnologias e novas profissões.

Por exemplo, antes de a energia elétrica ser inventada, a iluminação das ruas era feita com lampiões. Os lampiões eram acendidos todas as noites e apagados de manhã. Havia a profissão de acendedor de lampiões: pessoas que circulavam pela cidade fazendo esse serviço.

Com a chegada da luz elétrica, os lampiões foram trocados por lâmpadas e a profissão de acendedor de lampiões deixou de existir.

Na atualidade, as luzes das cidades acendem de forma automática, à medida que a luminosidade natural diminui. Os postes são equipados com sensores que detectam o momento em que a luz do Sol não é mais suficiente para iluminar a localidade.

Hoje há funcionários que fazem a manutenção da iluminação pública; eles circulam pela cidade e trocam as lâmpadas que estão com defeito.

▶ Trabalhador faz reparo em poste de iluminação pública. Rio de Janeiro, Rio de Janeiro, atualmente.

▶ Trabalhador acende lampiões. Rio de Janeiro, Rio de Janeiro, final do século 19.

Um pouco mais sobre

Tecnologia que muda o mundo

Nós vimos que, graças à energia elétrica, uma profissão surgiu e outra deixou de existir.

Mas o uso de energia elétrica mudou muitas outras coisas no mundo. Por exemplo, as ruas passaram a ter postes e fios. E isso foi uma grande mudança na paisagem.

Com a iluminação pública, as pessoas puderam passear mais no período da noite, o que já foi outra grande mudança.

A forma mais comum de gerar energia elétrica no Brasil é por meio de usinas hidrelétricas. Para criar essas usinas foram inundadas áreas enormes.

Para que as pessoas tenham energia elétrica nas ruas ou em casa, as paisagens passaram por muita interferência humana ao longo do tempo.

▶ Museu de Arte do Rio. Rio de Janeiro, Rio de Janeiro.

▶ Construção da Usina Hidrelétrica de Belo Monte. Ao fundo, é possível ver o Rio Xingu. Vitória do Xingu, Pará.

1. Quais transformações causadas pelo uso de energia elétrica você vê na paisagem do lugar em que mora?

2. Existe no lugar em que você mora uma profissão que tenha surgido por conta de uma nova tecnologia? Como essa tecnologia transformou o meio ambiente?

#Digital

Antigamente, na minha escola

Assim como as tecnologias transformaram as profissões e o meio ambiente, elas também transformaram a escola. Vamos investigar um pouco as mudanças ocorridas em sua escola?

1. Forme um grupo com alguns colegas.
2. Conversem com um ex-aluno ou ex-funcionário de sua escola e peçam-lhe que conte lembranças do tempo em que trabalhava ou estudava nela.
3. Registrem as memórias do entrevistado em uma gravação de áudio. Lembrem-se de seguir as orientações do professor.

> Quando gravamos ou filmamos outras pessoas, é importante respeitar a vontade delas. Por isso, com a ajuda do professor, elabore uma carta ao entrevistado pedindo autorização para gravar a imagem e a fala dele e peça-lhe que assine. Isso mostrará que ele concorda com a atividade.

4. Tragam o áudio para a sala de aula, escutem com os demais colegas e compartilhem com eles a experiência de vocês ao gravá-lo.

Atividades

1 Observe as imagens a seguir e faça o que se pede.

▶ Família na praia, 1910.

▶ Família na praia, 2017.

a) Qual é a fotografia mais antiga?

☐ A. ☐ B.

b) O que você observou nas imagens para responder à questão anterior?

_____

_____

c) Quais são as semelhanças entre as duas imagens?

☐ As cenas acontecem em locais semelhantes.

☐ Os trajes de banho são iguais nas duas fotografias.

2 Circule com lápis **vermelho** os objetos do passado e, com **azul**, os modernos.

a)

b)

c)

d)

e)

f)

3 O que permaneceu e o que mudou nos objetos da atividade 2 com o passar do tempo? Escreva no quadro o que percebeu.

Permanências	Mudanças

91

Hora da leitura

O mundo muda, as coisas se transformam e algumas até deixam de existir.

Você sabe como era a vida das pessoas antigamente?

A letra da canção a seguir conta um pouco sobre a vida nos tempos antigos.

Tempo de antigamente

Era o tempo dos meus pais
O tempo dos meus avós
Tempo que não volta mais
Era o tempo antes de nós

[...]
Máquina de escrever,
Toca-discos, toca-fitas,
Mimeógrafo

[...]
Tinha pique-tá,
Pique-pega, pique-esconde
E amarelinha

[...]
Que já foi faz muito tempo
Só ficou no pensamento
De um tempo tão diferente
O tempo de antigamente.

Marcelo Serralva

1 Quais objetos e brincadeiras citados na canção você conhece?

2 Qual é a mensagem transmitida na primeira estrofe da canção?

HISTÓRIA em ação

História Ambiental

Entender como as inovações tecnológicas e o mundo do trabalho impactam o meio ambiente passou a fazer parte dos temas de estudos dos historiadores.

Esses profissionais começaram a fazer estudos desse tipo na década de 1970, criando o que atualmente é conhecida como **História Ambiental**.

O trabalho com a História Ambiental não é nada simples.

O historiador ambiental precisa desenvolver grande capacidade de ler os sinais da ação humana na paisagem. Para conseguir seu objetivo, conta com o auxílio de um conjunto de outras ciências, como Biologia, Ecologia, Geografia etc.

Ele também necessita compreender os saberes de algumas atividades humanas, entre elas: extração de plantas, agricultura, caça, retirada de madeira, mineração etc.

▶ A História Ambiental começou a ser feita nos Estados Unidos, e um dos nomes mais importantes dessa área no Brasil é a professora Lise Sedrez, da Universidade Federal do Rio de Janeiro.

Glossário

História Ambiental: campo de estudo da História que visa compreender a interação dos seres humanos com o meio ambiente.

A tarefa fica mais fácil quando existe documentação – escrita, arqueológica ou oral – sobre as atividades humanas independentemente de as marcas na paisagem serem visíveis.

Na História Ambiental, os conhecimentos históricos são aplicados ao meio ambiente.

1 É possível fazer um estudo de História Ambiental no local em que você vive? Justifique sua resposta.

Como eu vejo

O caminho para a escola

Hoje, a mãe de Rafael foi almoçar em casa com ele e o pai dele. Antes de eles voltarem ao trabalho, o pai resolveu levar Rafael para a escola. Observe o caminho que fizeram.

Boa aula, Rafael!

FARMÁCIA

ESCOLAR

PLÁSTICO   METAL   PAPEL   NÃO RECICLÁVEL

AÇOUGUE

Christiane S Messias

94

ESCOLA

— Preste bastante atenção na aula, Rafael! Tenha um bom dia.

— Obrigado, papai! Bom trabalho!

PADARIA

POSTO DE SAÚDE

CAIXA ELETRÔNICO

LIVRARIA

ABERTO

1. Recorte, da página 155, trechos da história da ida de Rafael à escola e cole-os nos espaços correspondentes.

2. Por quais lugares Rafael passou antes de chegar à escola?

95

Como eu transformo

Conhecer as redondezas

Matemática História Geografia Arte Língua Portuguesa

O que vamos fazer?
Um guia de atrações dos arredores.

Para que fazer?
Para conhecer as pessoas e os ambientes encontrados durante o percurso casa-escola.

Com quem fazer?
Com os colegas, o professor e a comunidade.

Como fazer?

1. Durante o percurso de sua casa até a escola, registre em um papel os tipos de comércio encontrados, se há algum espaço destinado a cultos religiosos, se há escolas, praças e outros ambientes que chamam sua atenção.

2. Observe o mapa que o professor apresentará. Tente encontrar nele a localização da escola e de algum dos espaços que registrou durante o trajeto de casa até a escola. Depois, marque o percurso que realizou.

3. Com o professor e os colegas, elabore um guia de descobertas do entorno. Cada página do guia apresentará um tipo de estabelecimento ou espaço, por exemplo, uma página para os comércios, outra para as praças, rios etc.

4. Descubra quem são os colegas que passam pelos mesmos caminhos que você e reúna-se com eles em um grupo.

5. Com sua equipe, crie a página do guia de atrações seguindo as orientações do professor.

Como foi trabalhar em grupo? Por quê?

Revendo o que aprendi

1 Organize cronologicamente as imagens que representam a vida de João numerando-as de 1 a 4.

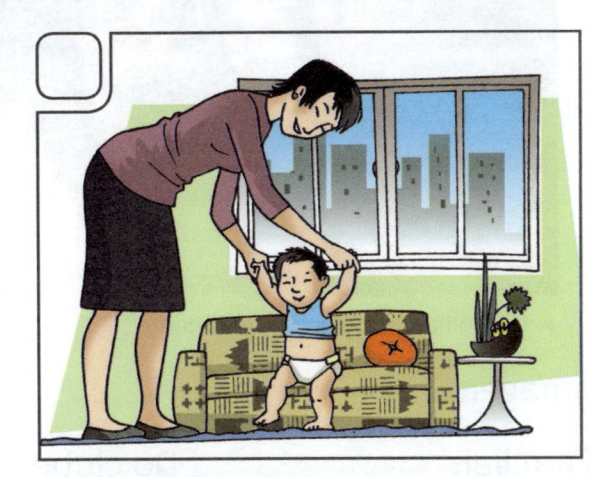

2 Desenhe no quadro em branco a imagem que completa a série sobre a passagem do tempo.

3 Observe as imagens e faça o que se pede.

▶ Santos, São Paulo, 1918.

▶ Campinas, São Paulo, atualmente.

a) Que comunidade aparece nas imagens?

☐ Escolar.   ☐ Familiar.   ☐ Do clube.

b) Compare as imagens e escreva o que você percebeu de:

Mudanças	Permanências

c) Com qual das famílias acima a sua se parece mais? Por quê?

_____

_____

4 Os espaços de convivência também podem mudar. Observe as fotografias e faça o que se pede em seu caderno.

▶ Vista do Viaduto do Chá à esquerda, do Teatro Municipal no fundo, à direita, e de parte das plantações e das casas de aluguel da chácara do Barão de Itapetininga à frente. Fotografia da década de 1910.

▶ Vista do Viaduto do Chá à esquerda, do Teatro Municipal no fundo, à direita, e do Vale do Anhangabaú à frente. Fotografia da década de 2010.

a) Que mudanças ocorridas nesse espaço você identifica?

b) Em sua opinião, o que se manteve nesse espaço, apesar da passagem do tempo?

c) A paisagem mais recente ainda pode mudar? Explique.

5 Volte à tirinha da página 71 e responda:

a) O personagem das cenas é o mesmo?

b) O que aconteceu com o personagem entre as cenas?

c) O que aconteceu com a planta entre as cenas?

d) Quanto tempo você acha que pode ter passado entre a primeira e a última cena?

e) Como você percebeu essa passagem do tempo?

Nesta unidade vimos

- É possível perceber a passagem do tempo ao observarmos as mudanças na aparência das pessoas, o crescimento das plantas e as transformações de lugares e objetos.

Ilustrações: Dam Ferreira

- Com o passar do tempo, as coisas podem mudar ou permanecer semelhantes, seja na função ou no modo de serem feitas.

- Instrumentos como relógios e calendários são usados para medir o ciclo das horas, dos dias, das semanas e do ano.

Para finalizar, responda:

- Depois do que você estudou, o que cada quadro da imagem nas páginas 68 e 69 representa?
- Que mudanças e permanências você identifica na personagem ilustrada?
- O que você acrescentaria na história que inventou para a personagem?

Para ir mais longe

Livros

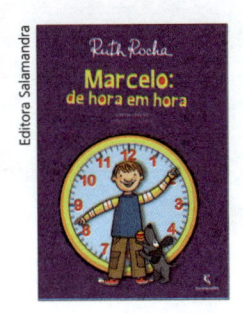

▶ **Marcelo: de hora em hora**, de Ruth Rocha (Salamandra).

Marcelo perguntou a Dona Laura: "O que é veazora, mãe?" e ela respondeu que era "ver as horas". Assim começa uma conversa em que, para entender as horas de um dia, Marcelo foi identificando toda a rotina dele.

▶ **Eu e o tempo**, de Bia Bedran (Nova Fronteira).

Preocupada em vencer um concurso de redação sobre o tempo, uma estudante reflete sobre a passagem dele na vida de todos, chegando a interessantes conclusões.

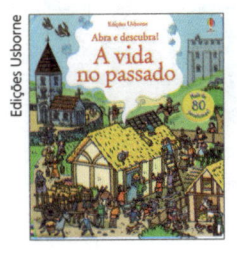

▶ **A vida no passado: abra e descubra!**, de Abgail Wheatley (Usborne).

Um livro que mostra como eram, no passado, as casas, os castelos, os automóveis... você verá que muitas coisas mudaram e que outras não mudaram tanto.

Filme

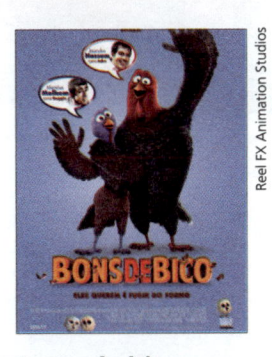

▶ **Bons de bico.** Direção: Limmy Hayward, 92 min.

Você já imaginou entrar em uma máquina do tempo e voltar muitos anos antes para mudar o presente? Essa foi a ideia de dois perus que, segundo a tradição norte-americana, iriam ser mortos para a ceia do Dia de Ação de Graças. Ao voltar no tempo, eles se envolveram em muitas aventuras e confusões.

Site

▶ **Museu do Relógio:** <www.dimep.com.br/passeio>.

Faça um passeio virtual pelo Museu do Relógio. Se você clicar no *link* Linha do tempo, poderá acessar fatos importantes e curiosidades sobre a história dos relógios.

UNIDADE 4
Conviver e transformar

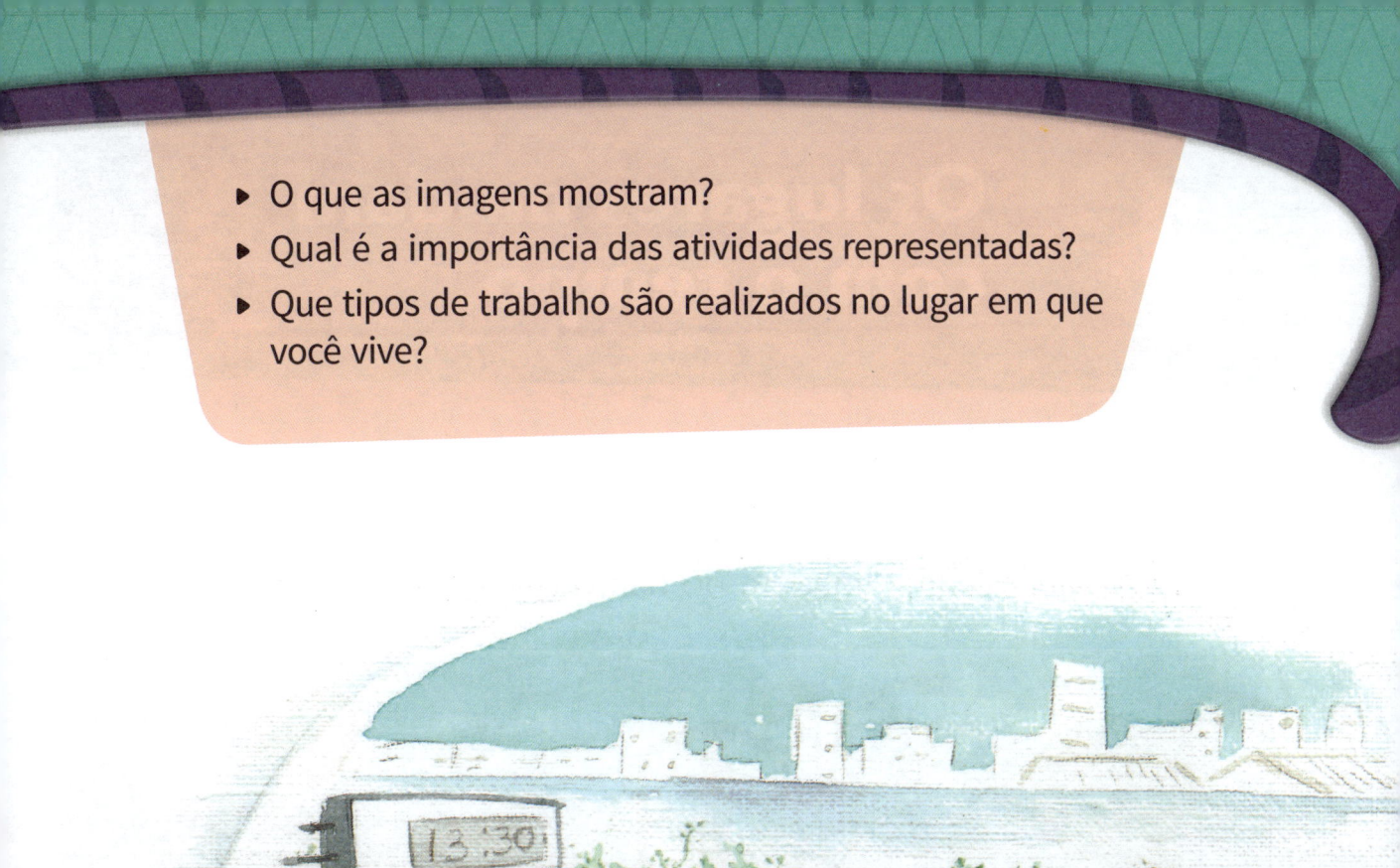

- O que as imagens mostram?
- Qual é a importância das atividades representadas?
- Que tipos de trabalho são realizados no lugar em que você vive?

CAPÍTULO 1
Os lugares mudam com o tempo

Como era antes?

Observe abaixo uma imagem do bairro onde Tiago mora.

Marcos de Mello

1 Nas páginas 153 e 155, você encontrará imagens de diferentes bairros no passado. Procure a imagem de como era o bairro de Tiago no passado e cole-a no espaço a seguir.

As atividades humanas e as comunidades

Enquanto você está lendo este livro, muitas pessoas estão realizando diferentes atividades dentro e fora de sua escola.

Imagine que, neste momento, em alguma comunidade do Brasil, uma nova escola está sendo construída.

A construção de edifícios grandes, como uma escola, pode provocar diversas transformações em uma comunidade. Observe:

- Com essa escola, por exemplo, podem chegar novos moradores à região, como estudantes, professores e outros profissionais.

- Aos poucos, lojas como papelarias e mercados podem ser inauguradas para atender os moradores da região e os trabalhadores da escola.

- Podem ser criados ainda postos de saúde, hospitais, praças, delegacias, parques e terminais de ônibus. Assim, aquela comunidade, que era pequena, pode ser transformada até se tornar um bairro grande e bastante povoado.

Ilustrações: Dam Ferreira

Mudanças como essas em geral não acontecem rapidamente, elas podem demorar anos.

As atividades humanas transformam as comunidades

Todas as comunidades têm um passado, que pode estar registrado de diferentes formas. Em muitas cidades brasileiras há um monumento ou construção que marca a origem delas. Observe um exemplo ao lado.

O conjunto de construções do Pateo do Collegio (Pátio do Colégio) é considerado o marco inicial da fundação da cidade de São Paulo. Nesse local, em 1554, um grupo de padres portugueses criou uma escola religiosa para os indígenas. Aos poucos, ao redor do colégio formou-se um povoado de indígenas **cristianizados** e o povoado de São Paulo de Piratininga não parou de crescer.

▶ Pátio do Colégio, no município de São Paulo, São Paulo.

Glossário

Cristianizar: converter ao cristianismo.

Nesse povoado, os padres ensinavam os indígenas a ler e escrever, além da religião católica e da cultura portuguesa. Os indígenas, por sua vez, trabalhavam nas roças, faziam serviços domésticos, transportavam mercadorias de uma cidade para outra e compartilhavam com os portugueses conhecimentos sobre o território e seu modo de vida.

Em poucos anos, outros povoamentos de indígenas cristianizados surgiram nas vizinhanças. Eles deram origem a atuais bairros da cidade de São Paulo, como São Miguel Paulista e Santo Amaro, e a cidades vizinhas, como Guarulhos e Carapicuíba. Outros bairros, por sua vez, surgiram de agrupamentos de indígenas que não foram cristianizados.

O trabalho dos padres portugueses e dos indígenas foi muito importante para a origem da cidade de São Paulo. E na cidade onde você mora, que grupos de trabalhadores marcaram a origem dela?

Pesquisa histórica

1 Agora você fará uma entrevista para conhecer melhor as atividades de um dos profissionais que trabalham na sua vizinhança. Escolha um adulto com quem você tenha contato diariamente e peça a ele que responda às perguntas a seguir.

- Qual é sua idade e profissão?

_____

- Há quanto tempo você trabalha na vizinhança?

_____

- Você considera seu trabalho importante para a comunidade? Por quê?

_____

_____

2 Em sala de aula, apresente os resultados de sua entrevista e escute os resultados das entrevistas dos colegas. Depois responda:

a) Quais são as profissões mais comuns na vizinhança dos alunos da turma?

b) Escolha um dos profissionais citados no item anterior e descreva como o trabalho dele pode promover mudanças que tragam melhorias à comunidade.

_____

_____

Atividades

1 Observe as imagens e responda às perguntas a seguir.

▶ Vista da Ponte Buarque Macedo em Recife, Pernambuco, em 1916 e atualmente.

a) Que elementos nas paisagens são iguais ou semelhantes?

_____

_____

_____

b) Que diferenças você observa entre as imagens?

_____

_____

_____

c) O que pode ter causado essas diferenças?

_____

_____

_____

2 Com relação à história da origem da cidade de São Paulo, faça o que se pede.

a) Enumere os acontecimentos na ordem correta que aparecem no texto.

☐ Próximo ao Pátio do Colégio, foram sendo organizadas outras comunidades indígenas cristianizadas.

☐ Os padres portugueses criaram uma escola.

☐ Diversos povoados de indígenas cristãos deram origem a bairros que existem atualmente na cidade de São Paulo.

☐ Indígenas e portugueses formaram o povoado de São Paulo de Piratininga.

b) Complete o quadro com as ações de cada grupo.

Indígenas	Padres

3 As mudanças nas paisagens como as mostradas neste capítulo acontecem de forma rápida? Explique.

_____

_____

CAPÍTULO 2

Transformações pelo trabalho

O trabalho na comunidade

O trabalho das pessoas muitas vezes se relaciona com as características das comunidades em que elas vivem.

Localize na página 157 imagens dos trabalhadores das comunidades a seguir e cole cada uma no cenário adequado.

Erik Malagrino

Diferentes trabalhos

Na cidade em que você mora, as pessoas exercem muitas atividades diferentes no dia a dia. Já vimos que as atividades ligadas à construção transformam os espaços, mas, na verdade, todas as atividades humanas causam impacto no espaço em que vivemos.

Um escritório, por exemplo, precisa ser abastecido por energia elétrica para o uso de equipamentos eletrônicos e para conectar computadores à internet. A produção e a manutenção desse recurso transformam os espaços.

As atividades domésticas, assim como outros tipos de atividades, também transformam e impactam a comunidade ao redor. Quando compramos mais do que precisamos, colaboramos para que os recursos naturais se esgotem mais rápido.

Além disso, o descarte incorreto de lixo e entulho pode causar inundação e trazer transtorno para todos, transformando de forma negativa o entorno de onde vivemos.

▶ Escritórios são ambientes de trabalho colaborativo. Por proporcionarem a reunião de pessoas, precisam de infraestrutura e manutenção, o que traz impactos sobre os recursos da natureza e transformações no meio ambiente.

▶ A manutenção de uma casa também impacta e transforma o meio ambiente. A água e os produtos de limpeza precisam ser utilizados de forma consciente para minimizar o desperdício de água e evitar a poluição do meio ambiente.

O trabalho e o cotidiano

Quando observamos a paisagem ao redor é possível perceber que ela foi modificada pelas atividades e pelo trabalho realizados pelos seres humanos.

Você já notou que o trabalho faz parte de seu cotidiano e transforma as paisagens?

- As calçadas são os locais de trânsito de pedestres e as ruas, os locais de trânsito dos carros. Para que todos possam transitar com segurança, há pessoas que trabalham na pavimentação e manutenção das vias.

▶ Pavimentação de rua em Porto Velho, Rondônia.

- Os alimentos que consumimos todos os dias são resultado do trabalho dos agricultores e de pessoas que são responsáveis pelo transporte e comércio de mercadorias.

▶ Trabalhador rural irrigando manualmente uma plantação de hortaliças. Bom Jesus do Galho, Minas Gerais.

- Por meio do trabalho do professor, os alunos aprendem a ler, escrever, resolver operações matemáticas, compreender o funcionamento de nosso corpo e passam a conhecer diferentes lugares e culturas.

▶ Alunos e professora interagem em aula de música. São Paulo, São Paulo.

- A energia elétrica que utilizamos é produzida com o trabalho de muitas pessoas e pode ter origens diferentes. Ela pode ser produzida em usinas hidrelétricas, que usam a força das águas para gerar energia; ou em parques eólicos, que usam a força do vento, por exemplo.

▶ Trabalhadores em usina eólica e solar em Tacaratu, Pernambuco.

Tudo o que existe ao nosso redor é resultado do trabalho de alguém e as atividades que esses profissionais desempenham são importantes para todas as comunidades.

As atividades humanas no passado

As atividades humanas sempre provocaram mudanças nas paisagens e transformaram os lugares, seja na cidade, seja no campo.

No Brasil, por exemplo, a construção de ruas e o calçamento de vias públicas nas grandes cidades já modificavam a paisagem em 1824, como podemos ver nesta imagem, que retrata a cidade do Rio de Janeiro.

Mas as mudanças não ocorreram somente nas grandes cidades. No campo também houve transformações.

Florestas foram derrubadas para dar lugar a plantações de café e outros produtos, que naquele momento se tornavam a base da economia local.

Hoje sabemos que a derrubada de florestas pode causar grandes impactos no meio ambiente.

▶ Jean-Baptiste Debret. *Calceteiros*. Gravura publicada em *Viagem pitoresca e histórica ao Brasil*, 1827.

▶ Johann Moritz Rugendas. *Derrubada de uma floresta*. Gravura publicada em *Viagem pitoresca através do Brasil*, 1835.

Encontramos outro exemplo de como o trabalho pode transformar a paisagem de um local na história de Minas Gerais. Durante o século 17 (1701-1800), muitas pessoas foram para a região das atuais cidades de Ouro Preto, Mariana e Diamantina para trabalhar na mineração.

▶ Johann Moritz Rugendas. *Lavagem de ouro em Itacolomi*, 1827. Litogravura, 28,5 cm × 20,5 cm. Detalhe.

O trabalho dos garimpeiros se tornou tão importante que, para vender o ouro encontrado nas minas, foram construídas estradas e portos. A principal delas, chamada **Caminho do Ouro**, ligava essas regiões de Minas Gerais ao porto de Paraty, no Rio de Janeiro, e passava por várias cidades no caminho.

O Caminho do Ouro foi construído tendo como referência as trilhas abertas pelos indígenas guaianases e, muitos anos depois, foi novamente transformado, dando origem à Estrada Real.

▶ Grupo de caminhantes percorre o trecho da Estrada Real, que vai de Diamantina até São Gonçalo do Rio das Pedras. Diamantina, Minas Gerais.

Além de contribuir para o surgimento de cidades e a criação de estradas, o trabalho de exploração e comercialização do ouro proporcionou o desenvolvimento de várias profissões, especialmente aquelas ligadas ao comércio.

Atividades

1. Desenhe ou cole em uma folha à parte uma imagem que retrate uma atividade de trabalho desenvolvida na comunidade em que você vive e, depois, responda às questões.

   a) Que atividade é essa?

   b) Qual é a importância dessa atividade?

   c) Como essa atividade modifica sua comunidade?

2. Preencha o quadro com as respostas das perguntas sobre cada um dos profissionais citados.

TRABALHADOR	O QUE FAZ E ONDE TRABALHA?	COMO TRANSFORMA E IMPACTA POSITIVAMENTE A COMUNIDADE?	COMO PODE IMPACTAR NEGATIVAMENTE A COMUNIDADE?
Enfermeiro			
Pedreiro			
Cozinheiro			

3 Observe as imagens e responda às questões a seguir.

▶ Ônibus com tração animal.

▶ Trólebus.

a) As duas imagens mostram tipos de transporte antigos, mas ainda possíveis de ser encontrados. Para que eles são utilizados?

_____

b) Quais diferenças e semelhanças você observa entre esses veículos?

_____

_____

_____

c) Qual é a importância de veículos de transporte coletivo para a comunidade e quais mudanças na paisagem podem causar? Por quê?

4 Observe a imagem ao lado. Feita por Jean-Baptiste Debret, ela representa trabalhadores serrando madeira, em 1822. Essa atividade transformou a paisagem de duas formas. Quais são elas?

▶ Jean-Baptiste Debret. *Serradores*, 1822. Aquarela, 17,3 cm × 24 cm.

117

CAPÍTULO 3
Mudanças cotidianas

Reutilizando e brincando

Sempre que reutilizamos algo estamos evitando a produção de lixo. E uma forma de reutilizar é criar brinquedos.

Pinguim de garrafa PET

Material:
- 2 garrafas PET;
- tesoura;
- tinta guache preta;
- cartolina branca;
- fita adesiva;
- cola;
- pincel;
- marcador permanente preto e vermelho.

Como fazer

1. Com o auxílio de um adulto, corte as garrafas próximo ao meio, mas deixe uma das metades de baixo um pouco maior do que a outra.
2. Junte as duas partes com a parte menor em cima. Prenda as duas partes com fita adesiva e pinte-as de preto.
3. Desenhe a barriga e o rosto do pinguim na cartolina branca e cole na garrafa, já seca. 
4. Faça os olhos, o bico e decore como quiser!

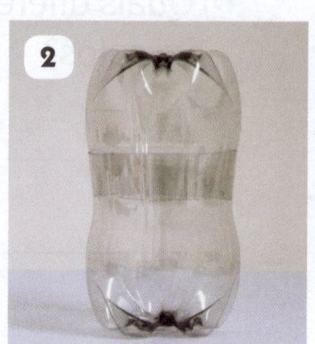

Fotografias: Milene Rinaldi

Transformações como parte do cotidiano

Você viu que as atividades humanas, com o objetivo de criar melhores condições de vida e desenvolver a **infraestrutura** para isso, transformam os lugares e as pessoas.

Glossário

Infraestrutura: obras e serviços que atendem aos habitantes de um lugar e passam a fazer parte do ambiente. Por exemplo, rede de energia elétrica, de saneamento básico, de gás encanado etc.

Portanto, para atender às necessidades básicas da população – ruas asfaltadas, redes de esgoto, transporte para muitas pessoas, grande produção de alimentos, entre outras –, transformamos o ambiente.

▶ Pá carregadeira em pátio de minério de ferro. Congonhas, Minas Gerais.

Na história da humanidade, a visão de que essas transformações são, em muitos casos, prejudiciais, permanentes e irreversíveis é relativamente nova.

Atualmente, compreendemos que as transformações que provocamos precisam ser bem pensadas e planejadas. Com isso, causamos o menor impacto possível no meio ambiente e nas comunidades, evitando, assim, sua completa destruição.

▶ A coleta e a separação de material reciclável são muito importantes para o meio ambiente, pois evitam que o lixo seja descartado nas ruas, rios e esgotos, além de garantir renda aos catadores.

Diminuindo o impacto ambiental

Diversas práticas cotidianas podem ajudar a diminuir o impacto das ações humanas no meio ambiente, por exemplo, quando escolhemos de forma consciente o meio de transporte.

Para percorrer pequenas distâncias, podemos usar a bicicleta. Além de não poluir o ambiente, pedalar é uma prática que faz bem à saúde.

▶ Ciclista na ciclovia da Avenida Luiz Carlos Berrini. São Paulo, São Paulo.

Para distâncias maiores, a opção pelo transporte público, por exemplo, contribui para a preservação do lugar em que vivemos ao reduzir o número de veículos nas ruas.

Outra forma de preservar o lugar em que vivemos é planejar e construir edificações com materiais que não prejudiquem os recursos naturais da região ou que causem o mínimo possível de desgaste na natureza.

▶ Área de embarque e desembarque de passageiros na Estação da Luz. São Paulo, São Paulo. Movido a energia elétrica, o trem é um meio de transporte menos poluente e transporta muitas pessoas de uma só vez.

▶ As lâmpadas de LED são uma forma de minimizar impactos em nosso entorno: elas são fabricadas com cerca de 95% de material que pode ser reciclado; quando acesas não aquecem o ambiente, o que possibilita reduzir o uso de ar-condicionado ou de ventiladores, gerando ainda mais economia de energia e diminuindo a conta de luz.

O uso de materiais recicláveis também é importante, pois é uma forma de controlar o impacto de nosso consumo, que, em geral, produz grande quantidade de lixo.

▶ Pufes feitos de pneus reciclados. Holambra, São Paulo.

Conservando e cuidando do futuro

Uma das formas de aprender e criar maneiras de transformar o espaço ao nosso redor, causando o menor impacto possível na natureza, é observar as atividades praticadas pelas diversas comunidades tradicionais.

Os povos indígenas, por exemplo, criam relações de equilíbrio com a natureza. É o caso de muitos indígenas que vivem no Amazonas. Eles sabem que as matas que cercam os rios são refúgios para diversas espécies de peixes e, por isso, evitam plantar suas roças nesses locais.

Transformar o entorno de forma consciente implica o desenvolvimento de iniciativas que recuperem os recursos naturais já comprometidos, como a despoluição de rios e córregos.

▶ Indígenas ikpeng pescando com timbó na Lagoa Ariranha. Feliz Natal, Mato Grosso, 2016. Ao observar e conhecer as tradições e os costumes locais, podemos encontrar formas de convivência que não agridam o meio ambiente.

▶ Limpeza das águas da Lagoa de Jacarepaguá. Rio de Janeiro, Rio de Janeiro, 2016.

O cuidado cotidiano com o meio ambiente é um modo eficiente de assegurarmos a conservação dele e da espécie humana.

Atividades

1 Pinte as atitudes que podemos tomar no dia a dia para diminuir o impacto ambiental em nossa comunidade.

Usar transporte público.	Andar sempre de carro.
Escovar os dentes com a torneira aberta.	Jogar lixo nos rios e lagoas.
Reutilizar objetos.	Desligar aparelhos eletrônicos quando não os estiver usando.
Fazer coleta seletiva.	

2 Observe as imagens a seguir e faça o que se pede.

Ilustrações: Paulo César Pereira

a) Nos quadrinhos acima, escreva **N** para indicar a paisagem natural e **M** para indicar a paisagem modificada.

b) Preencha o quadro abaixo com os elementos que compõem cada paisagem.

Paisagem natural	Paisagem modificada

3 O que motiva o ser humano a transformar o ambiente no qual está inserido? Explique.

_____

_____

_____

4 Observe as imagens, leia as legendas e faça o que se pede.

▶ Processo industrial de produção de farinha de mandioca. Lupércio, São Paulo.

▶ Indígena barasano trabalha no preparo de beiju. Aldeia Rouxinol, Igarapé Tarumã--Açu. Manaus, Amazonas.

a) Assinale a fotografia que retrata o modo de produção artesanal.

b) Qual dos métodos de produção você imagina que consome mais recursos naturais? Explique.

_____

_____

_____

c) Em sua opinião, qual é a principal vantagem de cada um desses métodos de produção? Explique.

_____

_____

_____

Hora da leitura

Cuidar da natureza

Quem deve cuidar do meio ambiente onde vivemos? Essa pergunta é feita todos os dias. Em uma conversa com sua mãe, Armandinho deu a resposta dele.

Leia a tirinha para saber que resposta foi essa.

Quadro 1: ENTÃO QUANDO VOCÊ CRESCER VAI CUIDAR DA NATUREZA?!
Quadro 2: ESPERO QUE SIM! DEPENDE DE VOCÊS!
Quadro 3: TENTEM NÃO DESTRUIR TUDO ATÉ LÁ!

beckilustras@gmail.com
Alexandre Beck

1 Qual é o assunto principal da tirinha?

_____

2 Segundo Armandinho, além dele, quem são os responsáveis pela tarefa de cuidar da natureza?

_____

3 Explique o que o personagem quis dizer no último quadro.

4 Você e sua família praticam atitudes sustentáveis em seu dia a dia? Quais?

_____

_____

_____

HISTÓRIA em ação

Os vestígios do Cais do Valongo

Você aprendeu que o trabalho humano transforma o meio ambiente. Essas transformações deixam vestígios da época em que foram realizadas que se tornam importantes fontes históricas para os historiadores em suas pesquisas.

Os vestígios encontrados no **sítio arqueológico** Cais do Valongo, na cidade do Rio de Janeiro, são exemplos dessas transformações.

Glossário

Sítio arqueológico: local em que são descobertos vestígios da presença de povos antigos.

Eles começaram a ser desenterrados em 2011, quando a região passava por reformas. Naquela ocasião, foram encontrados diversos vestígios: na primeira etapa das escavações, foram descobertos os escombros do Cais da Imperatriz Teresa Cristina, construído em cima do antigo Cais do Valongo, desativado na década de 1830, para recepcionar a chegada dela ao Brasil, em 1843.

Uma escavação mais profunda revelou vestígios do Cais do Valongo, o principal porto por onde entravam africanos escravizados no Rio de Janeiro. Lá, foram encontrados diversos objetos, como amuletos, anéis e pulseiras.

Tais descobertas possibilitaram que pesquisadores compreendessem um pouco melhor as transformações feitas no local e como aqueles acontecimentos contribuíram para a formação da sociedade brasileira.

▶ Calçamento do Cais do Valongo, construído em 1811 para o desembarque e comércio de escravos, posteriormente transformado no Cais da Imperatriz. Foi desenterrado durante as obras do Porto Maravilha, em 2011. Ao fundo, o Obelisco de Grandjean de Montigny, de 1843, na Praça Barão de Tefé. Rio de Janeiro, Rio de Janeiro.

Revendo o que aprendi

1) Observe as imagens a seguir e faça o que se pede.

a) Pinte os quadrinhos que mostram atitudes que ajudam a reduzir o impacto da atividade humana no meio ambiente.

b) Entre essas atitudes, circule com lápis azul aquelas que você ou seus familiares adotam no dia a dia.

2) Explique qual é a principal diferença entre produção de alimentos artesanal e produção industrial.

_____

_____

_____

3 Leia a tirinha e responda às perguntas.

a) No primeiro quadro, o que Chico Bento, o personagem de camiseta amarela, está fazendo?

_____

b) No segundo quadro, como podemos perceber que a paisagem foi transformada?

_____

c) No segundo quadro, o que poderia ter motivado as pessoas a transformar a paisagem?

_____

_____

d) Por que o personagem Chico Bento diz que sua árvore é de esperança?

_____

_____

4 Com o auxílio do professor e de seus familiares, pesquise as transformações que aconteceram em seu bairro desde seu nascimento. Com base nesses dados, escreva no caderno um pequeno texto que conte como as atividades humanas transformaram a comunidade em que você vive.

Nesta unidade vimos

- As atividades humanas são constantes e transformam o mundo em que vivemos.

- Muitas dessas transformações podem ser percebidas por meio da observação de fotografias e relatos de pessoas mais velhas.
- É possível adotar práticas que reduzam os impactos causados na natureza pela ação do ser humano.
- Reaproveitar embalagens ou fazer os próprios brinquedos são atitudes positivas para evitar o acúmulo de lixo no planeta.

Para finalizar, responda:
- De que maneira as atividades praticadas em sua comunidade transformam o lugar em que você vive?
- Os trabalhadores de sua comunidade demonstram preocupação com os impactos causados no meio ambiente?
- Há formas de realizar esses mesmos trabalhos causando menos impacto negativo na comunidade? Como?

Para ir mais longe

Livros

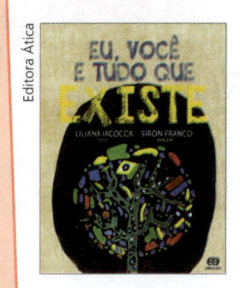

▶ **Eu, você e tudo que existe**, de Liliana Iacocca e Siron Franco (Ática).

O livro mostra que os seres humanos se relacionam com a natureza e transformam os espaços, muitas vezes causando destruição. Mas ele também revela que sempre é possível recomeçar.

▶ **Sou indígena e sou criança**, de César Obeid (Moderna).

Conheça a história de uma criança indígena brasileira. Descubra que ela faz coisas que toda criança faz, sempre mantendo o contato com a natureza. Podemos aprender muito com ela!

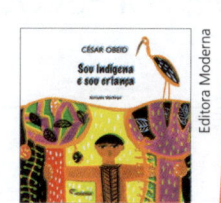

Site

▶ **Consumismo infantil: na contramão da sustentabilidade:** <https://www.capesesp.com.br/c/document_library/get_file?uuid=12b5febd-97ec-4e5f-98bf-9291c48f2ec5&groupId=10156>.

Essa cartilha, lançada pelo Ministério do Meio Ambiente, contém informações e dicas de sustentabilidade.

Filme

▶ **Consciente coletivo**. Direção de Pedro Luá e Analúcia de Godoi. Brasil: Giroscópio Filmes, 2010, 20 min.

Essa série de dez vídeos do Consciente Coletivo aborda os problemas gerados pelo ritmo de produção e consumo do dia a dia. Também disponível em: <www.akatu.org.br/videos>. Acesso em: 18 mar. 2019.

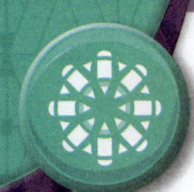

ATIVIDADES PARA CASA

UNIDADE 1

1 COM A AJUDA DE SEUS PAIS OU DE ADULTOS QUE MORAM COM VOCÊ, RESPONDA:

A) QUEM ESCOLHEU SEU NOME?

_____

B) POR QUE ESSE NOME FOI ESCOLHIDO?

_____

_____

_____

2 O APELIDO É UMA FORMA CARINHOSA DE CHAMAR OUTRA PESSOA. SOBRE ISSO, RESPONDA:

A) HÁ PESSOAS FAMOSAS QUE SÃO CONHECIDAS POR APELIDOS. VOCÊ LEMBRA DE ALGUÉM? QUEM?

_____

B) VOCÊ CONHECE ALGUÉM QUE SEJA CHAMADO PELO APELIDO? QUEM?

_____

C) VOCÊ TEM UM APELIDO? SE SIM, COMO FOI CRIADO?

_____

_____

D) VOCÊ PREFERE SER CHAMADO POR SEU NOME OU POR SEU APELIDO? POR QUÊ?

3 MUITOS NOMES SÃO CRIADOS PELA UNIÃO DE DOIS NOMES DISTINTOS. VOCÊ CONSEGUE DESCOBRIR QUAL É A ORIGEM DOS NOMES A SEGUIR? RELACIONE O NOME DE CADA CRIANÇA ABAIXO COM OS DOIS NOMES DE ORIGEM.

A) MARCOS E LÚCIA

B) JOÃO E ELIANA

C) LUCAS E MARIANA

D) MARIA E JORACI

E) JOSÉ E ROSMARI

☐ JOSMAR

☐ LUCIANA

☐ JOELI

☐ MARLUCI

☐ MARACI

4 O DIA EM QUE VOCÊ NASCEU É UMA DATA MUITO IMPORTANTE E ESPECIAL. POR ISSO É COMUM HAVER REGISTROS DELA. COM A AJUDA DE SEUS PAIS OU DE ADULTOS QUE MORAM COM VOCÊ, RESPONDA ÀS QUESTÕES A SEGUIR NO CADERNO.

- QUEM ASSISTIU A SEU NASCIMENTO?
- QUAL ERA SEU PESO AO NASCER?
- QUAL ERA SEU TAMANHO AO NASCER?
- DE QUEM FOI A PRIMEIRA VISITA?
- A PRIMEIRA VISITA ACONTECEU EM CASA OU NO HOSPITAL?
- QUAL FOI O PRIMEIRO PRESENTE QUE VOCÊ RECEBEU APÓS NASCER?

5 DECIFRE OS SÍMBOLOS E ENCONTRE O NOME DE ALGUNS DOCUMENTOS IMPORTANTES QUE TODOS DEVEM TER.

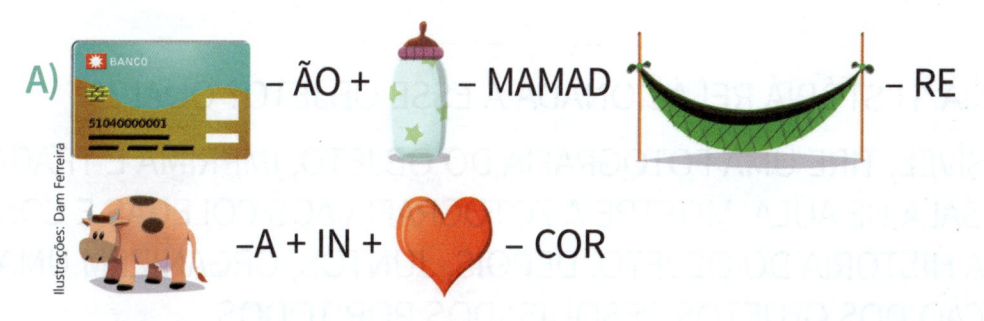

A) [cartão] – ÃO + [mamadeira] – MAMAD + [rede] – RE

[boi] – A + IN + [coração] – COR

Ilustrações: Dam Ferreira

B) 🏐 – A + ETIM   🪥 – COVA + 🍼COLA +R

_____

C) 🪵 – CA + 🧱 – JOLO + D + 🧼 – SAB   🦷 – NTE

👃 – RIZ + SCI + 🪑 – SA + N + 🍅 – MATE

_____

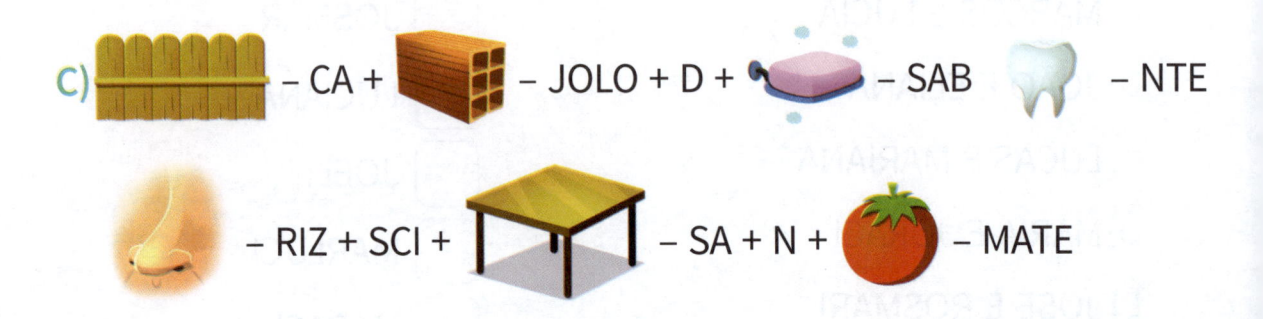

6 COM A AJUDA DE UM ADULTO, PESQUISE UM OBJETO ANTIGO DE SUA FAMÍLIA. DEPOIS, PREENCHA A FICHA A SEGUIR.

• NOME DO OBJETO:
_____

• FUNÇÃO DO OBJETO:
_____

• PROPRIETÁRIO DO OBJETO:
_____

• TEMPO PELO QUAL O OBJETO ESTÁ NA FAMÍLIA:
_____

• HÁ UMA HISTÓRIA RELACIONADA A ESSE OBJETO? QUAL?

SE POSSÍVEL, TIRE UMA FOTOGRAFIA DO OBJETO, IMPRIMA E TRAGA PARA A SALA DE AULA. MOSTRE A FOTOGRAFIA AOS COLEGAS E CONTE A ELES A HISTÓRIA DO OBJETO. DEPOIS, JUNTOS, ORGANIZEM UMA EXPOSIÇÃO DOS OBJETOS PESQUISADOS POR TODOS.

Unidade 2

1. Pensando em sua rotina, escreva três atividades que você faz todos os dias.

_____

_____

_____

2. Faça o que se pede:

a) Desenhe duas atividades que você faz sempre nos dias em que não vai à escola.

b) Escreva que atividades são essas e com quem você as realiza.

3 Convivemos com muitas pessoas em nossa comunidade. Entre elas, estão os amigos. Preencha o quadro a seguir contando um pouco de sua convivência com os amigos.

NOME DO AMIGO	QUANDO E ONDE CONVIVE COM VOCÊ

4 Desenhe uma atividade que você faz quando está com seus amigos.

5 Escreva com quais pessoas você conviveu no último domingo e o que fizeram:

a) de manhã – _____

_____

b) à tarde – _____

_____

c) à noite – _____

_____

6 Pense no que geralmente acontece nos dias em que você não vai à escola. Numere somente as atividades que realiza nesses dias e anote nos espaços outras que não apareceram na lista.

☐ Ir ao cinema.
☐ Ir ao parque.
☐ Brincar.
☐ Ver televisão.
☐ Jogar *video game*.

☐ Passear.
☐ Visitar parentes.
☐ Arrumar meu quarto.
☐ _____
☐ _____

7 Preencha o quadro com os lugares que você costuma frequentar em seu bairro.

LOCAL	QUANDO (SEMPRE OU ÀS VEZES)	MOTIVO

8 Nesse momento em que você está fazendo sua atividade escolar, o que está acontecendo fora de sua casa, simultaneamente? Pare sua atividade e vá até uma janela ou porta em sua casa e observe as atividades que estão acontecendo na rua em frente à sua casa e descreva-as abaixo.

_____
_____
_____
_____

Unidade 3

1 Desenhe o que você acha que aconteceu antes e o que aconteceu depois da cena apresentada.

ANTES	AGORA	DEPOIS

2 Pesquise imagens que mostrem a passagem do tempo na natureza e cole-as, em uma folha à parte, organizando-as da mais antiga para a mais recente.

3 Você já parou para pensar em como divide seu tempo? Reflita sobre isso e faça o que se pede abaixo.

a) Pinte os quadrados de acordo com a legenda:

Nenhum tempo   Muito tempo   Pouco tempo

Quanto tempo você passa:

☐ brincando sozinho?

☐ brincando com os amigos?

☐ vendo televisão?

☐ conversando com seus pais ou adultos que moram com você?

☐ praticando atividades físicas?

☐ na escola?

☐ lendo livros?

☐ fazendo outras atividades?

b) Observe as respostas que marcou. Você ficou satisfeito com sua maneira de usar o tempo?

_____

_____

c) O que você pretende fazer para organizar melhor seu tempo?

_____

_____

4 Observe as imagens da página 87 e responda:

a) Que mudanças você percebeu na profissão mostrada?

_____

_____

_____

b) O que permanece de igual ou semelhante?

_____

_____

5 Leia o texto a seguir e depois responda às questões.

    E era uma rua calma, dos tempos antigos, quando ainda havia lampião de querosene. De manhã cedo se escutava a música dos vendedores de coisas que naquele tempo cantavam cantigas – os "pregões" – que chamavam a atenção de quem ali morava. Como era o nome da rua?

Tinha um nome bonito a rua daquela cidade: Rua das Rosas. Ninguém sabe a razão, mas eu acredito que era porque a casa tinha um jardim na frente, e cada jardim era cheio de rosas.

A Rua das Rosas era bonita, com as suas casas coloridas: vermelhas, amarelas, azuis, cor-de-rosa. [...]

Com o passar do tempo uma a uma as casas da Rua das Rosas iam sendo derrubadas e nos seus lugares grandes prédios iam nascendo. Os vendedores já não passavam mais na rua. Como iriam anunciar suas coisas, se quem morava nos apartamentos não os escutava? [...]

Hoje a gente cresceu e está vendo a Rua das Rosas como está: menino não brinca mais nas suas calçadas, que estão cheias de automóveis parados, e nem mais um vendedor passa cantando o que tem para vender. Nem a Rua das Rosas tem mais esse nome. Hoje ela tem nome de um homem que ninguém sabe quem foi. [...]

Fernando Lobo. *Ruas das Rosas, rua dos meninos*. São Paulo: FTD, 1993. p. 11, 25-26.

a) Como era a Rua das Rosas?

___

___

___

b) Que mudanças aconteceram nessa rua?

___

___

___

c) A descrição feita no texto retrata um pouco da história da Rua das Rosas? Explique.

___

___

Unidade 4

1. Pesquise a origem de seu município. Anote os dados principais e responda às questões a seguir.

   a) Quais foram as principais mudanças ocorridas nesse local? Cite algumas.

   _____
   _____
   _____
   _____

   b) O que pode ter contribuído para essas mudanças?

   _____
   _____
   _____
   _____

2. Observe as imagens da página 114 e responda:

   a) As atividades representadas ainda existem?

   _____
   _____

   b) Na comunidade em que você vive essas atividades acontecem?

   _____
   _____

3 A quantidade de recursos que você usa da natureza mostra o impacto de sua vida para o planeta. Vamos calcular o tamanho desse impacto? Traga suas respostas anotadas para a sala, e o professor explicará como funciona a pontuação.

1. Qual é a origem dos alimentos que você consome?

   a) Da horta da minha casa.
   b) Das feiras e quitandas.
   c) Dos supermercados.

2. Quantas vezes por ano você compra roupas e sapatos novos?

   a) Uma vez por ano.
   b) Duas vezes por ano.
   c) Mais de três vezes por ano.

3. Quando sua família compra um aparelho eletrônico novo?

   a) Somente quando o antigo quebra.
   b) Quando surge uma oportunidade boa.
   c) Sempre que sai um modelo novo.

4. Com qual frequência sua família compra jornais, revistas e livros?

   a) Raramente.
   b) Temos assinatura mensal.
   c) Todos os dias.

5. Como vocês descartam o lixo produzido em casa?

   a) Separamos entre recicláveis e não recicláveis e levamos resíduos específicos, como equipamentos eletrônicos, para postos de recolhimento.
   b) Separamos entre recicláveis e não recicláveis.
   c) Não separamos o lixo.

6. Qual meio de transporte sua família usa com mais frequência?

   a) Bicicleta.
   b) Transporte coletivo.
   c) Carro.

Datas comemorativas

Carnaval

O Carnaval, considerado umas das maiores festas brasileiras, é comemorado no mês de fevereiro ou março.

No período em que as terras que viriam a se tornar o Brasil pertenciam a Portugal, as camadas populares começaram essa festa. Nela, as pessoas pintavam o rosto e jogavam bolinhas de água em quem passava na rua.

Atualmente, a festa é comemorada em muitos lugares do país com festejos de rua e grandes desfiles. Ela se tornou tão popular que todos os anos é esperada não somente pelos brasileiros mas por pessoas que vêm de outros países para festejá-la.

1. Nos carnavais era e ainda é comum o uso de máscaras. Que tal você fazer a sua? Siga os passos abaixo e confeccione sua máscara carnavalesca.

Material:
- pratinho de festa (que pode ser de plástico ou de papelão, o importante é ter um tamanho próximo ao de seu rosto);
- um palito de sorvete;
- cola colorida;
- pincel;
- pedaços de papéis coloridos;
- tesoura;
- cola branca.

Passo a passo

1. Corte o pratinho ao meio. 
2. Recorte o espaço para os olhos e para o nariz. 
3. Use sua criatividade para pintar e enfeitar a máscara.

Dia do Meio Ambiente – 5 de junho

O Dia do Meio Ambiente é muito importante, pois todos nós fazemos parte do meio ambiente e conservá-lo é fundamental para nossa sobrevivência.

Cada um precisa fazer sua parte para manter e conservar o meio ambiente, cuidando dos rios, animais, florestas, águas e de todos nós.

▶ Nascente do Rio Baía Bonita. Bonito, Mato Grosso.

1. Como podemos contribuir para conservar o meio em que vivemos? Em duplas, elaborem cartazes com atitudes positivas e negativas que podemos tomar. Para isso sigam o roteiro abaixo.

   1. Busquem em jornais, revistas, livros ou na internet imagem de atitudes que ajudam a preservar o meio ambiente.
   2. Procurem imagens de atividades que prejudicam o meio ambiente.
   3. Dividam uma cartolina na metade e anotem ações positivas, de um lado, e negativas, de outro.
   4. Colem as imagens e escrevam uma pequena legenda que explique como a ação representada impacta no ambiente.

Dia do Professor – 15 de outubro

O Dia do Professor começou a ser celebrado no Brasil em 1947.

Essa data foi escolhida porque, em 15 de outubro de 1827, foram inauguradas as "escolas de primeiras letras", que eram escolas nas quais os meninos deveriam aprender a ler, escrever e fazer contas, e as meninas, além disso, deveriam aprender a bordar, costurar e cozinhar. A criação dessas escolas foi proposta pelo imperador do Brasil, Dom Pedro I.

Essas escolas eram diferentes das que você conhece hoje, mas todas sempre tiveram o mesmo personagem importante: o professor.

▶ Professora em 1950.

▶ Professora atualmente.

1 Para homenagear seu professor, que tal fazer um presente especial? Siga os passos abaixo e depois o presenteie!

Material:

- um palito de sorvete limpo;
- uma folha de papel quadrada de 15 cm por 15 cm;
- duas folhas de papel quadradas de 5 cm por 5 cm;
- cola.

Como fazer

1. Dobre a folha de papel maior de acordo com o modelo.

2. Faça a mesma coisa com as folhas de papel menores e, por fim, cole-as no palito.

Agora é só entregar ao professor!

Dia da Família – 8 de dezembro

A família é tão importante que foi estabelecido por lei o Dia Nacional da Família. Essa data comemorativa existe desde 1963 e é festejada no Brasil em 8 de dezembro.

A família é o primeiro grupo a que pertencemos e é com nossos familiares que aprendemos muitos ensinamentos que serão úteis durante toda a vida, como os valores de respeito, amor e honestidade.

As famílias são formadas por pessoas ligadas por parentesco, casamento ou afeto, mas o mais importante é o amor e o respeito que unem essas pessoas.

▶ Família almoça reunida. São Paulo, São Paulo.

1 Você sabe o que é um acróstico? É uma forma de texto em que a sequência das primeiras letras das frases, ou versos, formam uma palavra destacada. Veja este exemplo:

> **P**roteção
> **A**mor
> **I**mportante

Faça um acróstico com a palavra **família**.

F _____

A _____

M _____

Í _____

L _____

I _____

A _____

Encartes

PEÇAS PARA A ATIVIDADE: A HISTÓRIA DE LUCAS, DA PÁGINA 14.

Ilustrações: George Tutumi

PEÇAS PARA A ATIVIDADE: A ROTINA E O TEMPO, DA PÁGINA 70.

Ilustrações: Erik Malagrino

Recortar

PEÇAS PARA A SEÇÃO COMO EU VEJO: A ORGANIZAÇÃO DA MINHA CASA, DAS PÁGINAS 30 E 31.

Ilustrações: Cristiane Viana

Recortar

149

PEÇAS PARA A SEÇÃO COMO EU VEJO: A ORGANIZAÇÃO DA MINHA CASA, DAS PÁGINAS 30 E 31.

Ilustrações: Cristiane Viana

COZINHA

BANHEIRO

Recortar

PEÇAS PARA A ATIVIDADE: COMO ERA ANTES?, DA PÁGINA 104.

Ilustrações: Marcos de Mello

Recortar

PEÇA PARA A ATIVIDADE: COMO ERA ANTES?, DA PÁGINA 104.

Marcos de Mello

PEÇAS PARA A SEÇÃO COMO EU VEJO: O CAMINHO PARA A ESCOLA, DAS PÁGINAS 94 E 95.

Antes de atravessar a rua, aguardaram o semáforo ficar verde e utilizaram a faixa de pedestre.

Enquanto Rafael e o pai chegavam à porta da escola, a *van* escolar que traz os colegas de Rafael para a escola estacionava.

Quando saíram de casa, Rafael e o pai descartaram o lixo reciclável nas devidas lixeiras.

Pararam durante o caminho, pois o pai precisava retirar dinheiro do caixa eletrônico antes de chegarem ao mercado.

Depois de retirarem o dinheiro, pararam para comprar o lanche de Rafael. Ele escolheu um sanduíche natural, uma fruta e um suco.

Recortar

PEÇAS PARA A ATIVIDADE: O TRABALHO NA COMUNIDADE, DA PÁGINA 110.

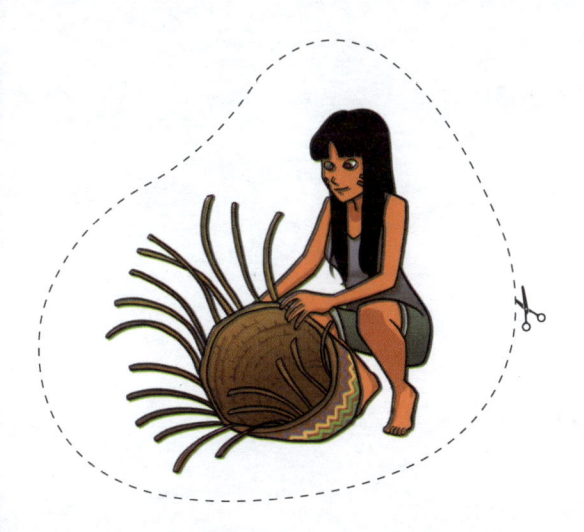

PEÇA PARA AS ATIVIDADES 5 E 6, DA PÁGINA 83.

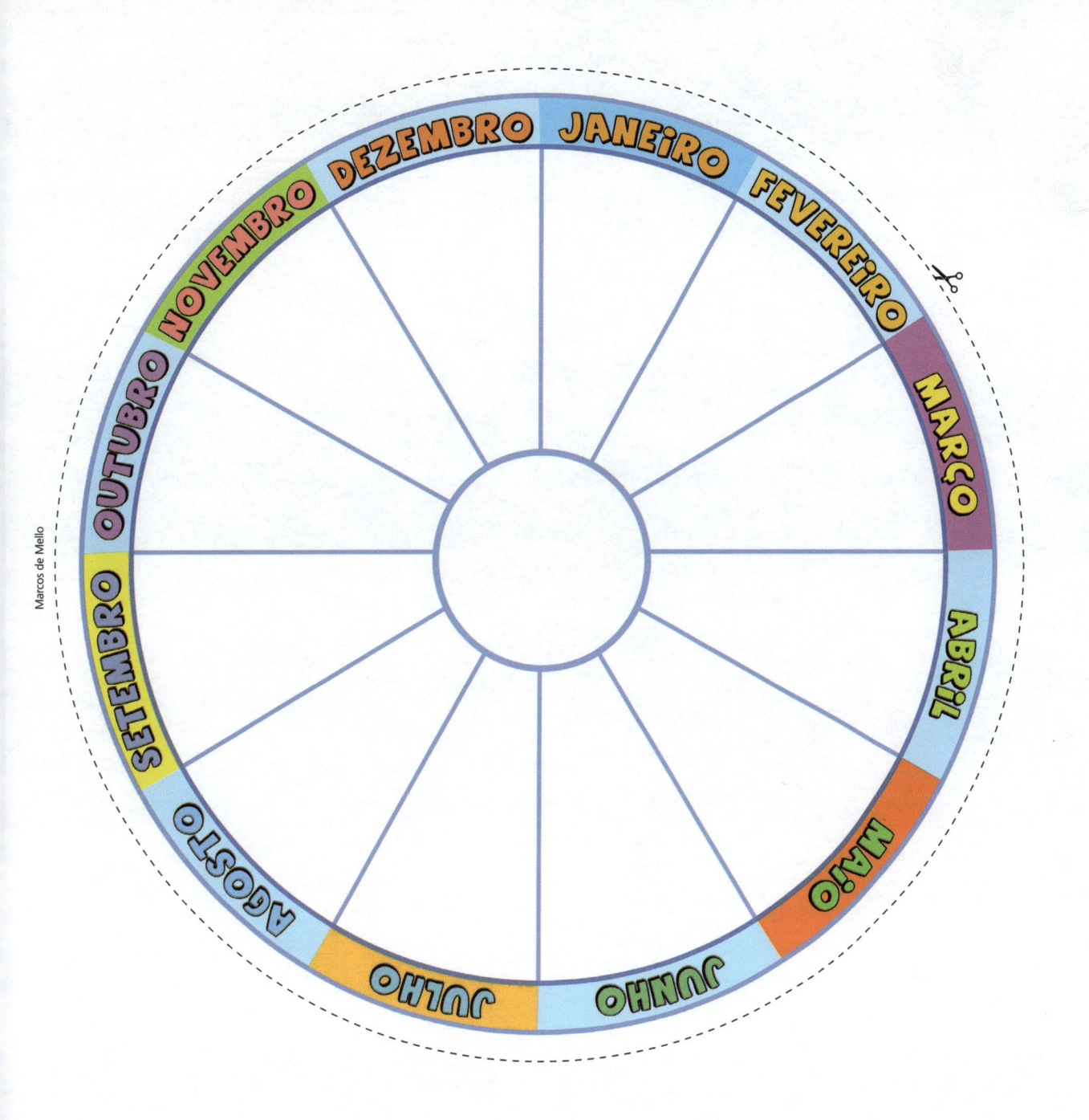

Recortar

JANEIRO • FEVEREIRO • MARÇO • ABRIL • MAIO • JUNHO • JULHO • AGOSTO • SETEMBRO • OUTUBRO • NOVEMBRO • DEZEMBRO

Marcos de Mello

159